공병호,
탈무드에서 인생을 만나다

공병호,
탈무드에서 인생을 만나다

흔들릴 때
힘이 되어준
유대인의
지혜

Talmud

공병호 지음

해냄

삶의 반석을 단단히 세우기 위하여

모든 것은 변합니다. 변화의 속도가 거칠고 변화의 폭이 큰 시대일수록 올바른 판단이나 행동을 이끄는 기준을 갖기가 힘듭니다. 어처구니없는 실수도 하고 피할 수 있던 실패를 맛보기도 합니다.

투자, 인간관계, 업무, 전직, 전업, 가정생활, 자식농사 등 거의 모든 부분에서 세상의 유행이나 개인의 지나친 욕망은 우리를 잘못된 방향으로 이끌 때가 많습니다. 흔히 우리는 유행에 눈이 가려지기도 하고, 과도한 욕망 때문에 엉뚱한 선택을 하기도 합니다.

변하는 세상 속에서도 변하지 않는 것이 있지 않을까? 언제 어디서나 판단과 행동을 도와줄 수 있는 지혜가 있지 않을까? 반석 위에 일과 인생을 쌓아올리는 지혜 말입니다. 저는 이런 질문에서 『탈무드(Talmud)』를 공부하게 되었습니다. 『탈무드』에는 수천 년의 세월 동안 척박한 환경 속에서 유대인들의 생존을 돕고 그들을 번영시킨 삶의 지혜가 담겨 있습니다.

동서양 고전들은 대부분 학자들이 저술하였습니다. 소크라테스, 플라톤, 아리스토텔레스 같은 인물들은 모두 학문을 전업으로 했던 사람들입니다. 생업의 현장을 떠난 학자들은 훌륭하고 고결한 주제들을 다루지만 관념적이고 추상적인 해법을 내놓기 쉽습니다.

반면에 『탈무드』의 지은이들은 대부분 생업을 하면서 동시에 학문을 한 사람들입니다. 그들은 우리와 마찬가지로 생활 속 문제를 고민하면서 학문을 연구했습니다. 따라서 그들의 지혜는 구체적이고 실용적인 해법들로 이루어져 있습니다. 동서양의 고전 가운데서도 유독 『탈무드』에 주목해야 할 특별한 이유가 바로 이 점에 있습니다.

'투자를 어떻게 해야 하는가?' '돈을 어떻게 다루어야 하는가?' '아내에게 어떻게 해야 하는가?' '자식을 어떻게 키워야 하는가?' '배우자는 어떤 기준으로 구해야 하는가?' '타인을 어떻게 대해야 하는가?' '분노를 어떻게 조절해야 하는가?' '어떻게 행복할 수 있는가?' 같은 실제 생활에서 만나는 질문들에 대해서 유대인 현자들은 구체적인 해법을 제시합니다.

그들이 전하는 지혜 가운데 많은 부분은 시간과 장소와 환경을 뛰어넘는 보편성을 갖고 있습니다. 수천 년 전이나 지금이나 사람 사는 곳은 어디나 비슷해서 고민해야 하는 문제들도 비슷합니다. 그때도 사람들은 빚 때문에 고민하고, 인간관계 때문에 고뇌하고, 자식들의 앞날을 걱정하고, 어디에 투자해야 할지 망설이고, 더 좋은 배우자를 구하기 위해 동분서주했습니다.

이 책의 끝부분에서 『탈무드』의 기원과 구성에 대해 자세히 설명하겠지만, 간단히 소개하자면 『탈무드』는 유대교 랍비(스승)들의 가르침을 담은 책입니다. 유대 율법, 윤리 규정, 『구약성경』에 대한 해설, 토론 내용 및 실천법 등을 담고 있습니다.

우리말로 '위대한 연구'라는 뜻을 가진 『탈무드』는 유대 민족을 수천 년간 지탱해 온 생활규범과도 같은 것입니다. 오랫동안 구전되어 오던 것들이 책으로 편집되기 시작한 시점은 기원후 100년 무렵이며, 편찬 작업이 일단락된 시점은 기원후 6~7세기 무렵입니다. 구전의 긴 역사

6

를 제외하더라도 500년이 넘는 시간 동안 여러 현자들이 써온 책임을 알 수 있습니다.

『탈무드』 연구가인 변순복 교수는 "『성경』이 유대교의 주춧돌이라면 『탈무드』는 유대교의 중앙 기둥입니다"라고 그 중요성을 강조하기도 합니다. 유대계의 저명한 인물들은 한목소리로 『탈무드』의 실용적 가치를 대단히 높이 평가하고 있습니다.

저는 현대인들이 크게 고민하는 문제들에 대해서 『탈무드』는 어떤 해법을 제시하고 있는지 그 질문에 대한 답을 찾아 이 한 권의 책으로 정리했습니다.

『탈무드』에 담긴 방대한 내용을 한 권의 책으로 어떻게 정리했을지 궁금한 독자들이 있을 것입니다. 이 책은 현대인들이 고민하는 실질적인 문제들이기도 한 인간관계, 직업, 돈, 투자, 역경, 행복, 성공, 결혼, 부부 등 47개 주제들을 5장으로 나누어 정리했습니다. 1장은 돈과 직업, 2장은 성품과 태도, 3장은 부부와 가정, 4장은 세상과 관계, 5장은 행복과 영혼에 대한 실질적인 조언과 지혜를 제시합니다.

그런데 1장과 3장의 내용은 지나치게 현실적이기 때문에 독자들에 따라서는 거부감을 느낄 수도 있습니다. 비록 두렵고 아프지만 있는 그대로 문제의 본질을 보는 것도 도움이 되지 않을까요?

언제 어디서도 변하지 않는 삶의 지혜를 구하는 분이라면 이 책에서 유익한 조언과 답을 얻을 수 있을 것입니다. 여러분이 고민하고 있는 삶의 문제들에 대해 유대인 현자들과 도란도란 대화를 나누는 마음으로 이 책을 읽어보기 바랍니다.

대화를 끝내고 나면 옳고 그름을 구분하는 눈이 밝아질 것이며 시야도 한층 넓어질 것입니다. 그리고 어느새 고민하던 문제에 대한 구체적인 해답을 얻게 될 것입니다.

이 책에서 소개하는 『탈무드』의 주옥같은 명언들을 가슴에 담아두고 실천하세요. 그러면 여러분이 더 잘 살고 더 나은 사람이 되는 데 적지 않은 도움이 될 것입니다. 모쪼록 많은 분들이 『탈무드』의 지혜를 자신의 것으로 만드는 데 이 작은 책이 도움이 되기를 간절히 바랍니다.

2016년 4월

공병호

| 차례 |

T a l m u d

시작하는 글 | 삶의 반석을 단단히 세우기 위하여 4

1장

누구도 먹고사는 문제에서 자유로울 수 없다

2장

스스로 할 수 있는 만큼 힘을 다하라

3장

삶의 반석은 가정 위에 세워진다

4장

유연함이 딱딱함을 이긴다

5장

진정한 행복은 영혼 관리에 있다

| 일러두기 |

1. 이 책은 랍비 이시도르 엡스타인(Isidore Epstein)이 편역한 『*The Babylonian Talmud*』(The Soncino Press, 1961)와 『*Online Soncino Babylonian Talmud Translation*』(AWOL-THE ANCIENT WORLD ONLINE, 2015)을 기본 원전으로 삼았다. 그 밖의 인용문들은 참고문헌에 소개한 책들과 사이트를 참고하였다.

2. 『바빌론 탈무드』에서 인용한 글은 『바빌론 탈무드』라고 별도로 명기하지 않고 출처만 밝혔다. 반면에 『예루살렘 탈무드』에서 인용한 글은 『예루살렘 탈무드』라고 명기한 다음 출처를 밝혔다.

3. 인용문의 출처 표기시, 『탈무드』의 6부(세데르)에 포함되는 63개 소단위(마세켓)의 경우는 히브리어 발음을 외래어 표기법에 따라 우리말로 표기하였고(예: '피르케이 아보트' '샤바트'), 그 외에 「Midrash」나 「Rabbah」 등의 『성경』 주해서는 「시편 주해서」 「전도서 주해서」 등으로 표기하였다.

1장

누구도 먹고사는 문제에서
자유로울 수 없다

"수중에 돈이 떨어지면 누구도 스스로를 통제할 수 없다."

「요마」 85b

돈이 없으면 자유를 잃는다

"우리 몸속의
모든 장기는
심장에 의존하는데,
심장은
지갑에 의존한다."

『예루살렘 탈무드』, 「테루모트」 8:4

'돈은 주조(鑄造)된 자유다.' 평생 빚에 허덕이며 살았던 러시아의 대문호 도스토예프스키가 남긴 명언입니다. 돈이 없으면 자유를 잃어버릴 위험에 처할 수 있음을 경고한 말입니다.

이는 생각에서 나올 수 있는 말이 아니라 체험을 통해서만 나올 수 있는 말입니다. 그것도 평범한 체험이 아니라 극도의 빈곤 상태라는 절절한 체험에서 우러나온 절규 같은 명언입니다.

실제로 그렇습니다. 돈은 우리에게 자유라는 선물을 줍니다. 어떤 일을 할지, 어떤 장소에 갈지, 누구와 만날지, 누구에게 고개를 숙일지 등을 결정하는 것이 바로 돈입니다.

유대인들은 수전노라는 오명을 자주 뒤집어쓰곤 했습니다. 타향에서 살아가야 했던 그들에게 돈은 단순한 구매력 그 이상이었을 것입니다. 얼마나 돈의 소중함을 후손들에게 알리고 싶었으면 사람의 몸에서 가장 중요한 장기인 심장이 지갑에 의존하여 살아간다는 말을 했겠습니까?

『탈무드』가 나온 시점은 현대적 의미의 자본주의가 등장하기 훨씬 이전이었습니다. 하지만 교역이 활발하게 이루어지기 시작하던 시대를 살았던 유대인들은 돈의 본질과 힘을 정확하게 이해하고 있었습니다.

사람은 돈이 없으면 무너질 수 있다

실직이나 사업 실패 등으로 수입이 끊긴 경험을 한 사람이라면 돈의 위력을 뼈저리게 느낀 적이 있을 것입니다. 수입이 끊기는 일, 즉 돈줄이 막히는 일은 단순히 무엇을 살 수 없는 상태 이상을 말합니다.

심리적으로 크게 위축됩니다. 자칫하면 정신적으로 공황 상태에 빠질 수 있습니다. 정신력이 강하지 않은 사람에게는 충분히 일어날 수 있는 일입니다. 수입이 없는 상태가 장기화되면 건강까지도 상할 수 있습니다. 따라서 다른 장기들은 물론이고 심장까지도 지갑에 의존한다는 이야기는 결코 과장이 아닙니다.

지금은 많은 사람들이 물질적인 풍요로움을 누릴 수 있는 시대가 되었지만, 그렇다고 삶의 불안정성이 과거에 비해 크게 나아졌다고 생각하지는 않습니다. 인간의 평균수명을 제외한 모든 것들의 수명과 주기가 짧아지면서 수입의 불안정성은 더 커졌다는 생각이 듭니다.

특히 날로 늘어나는 국가부채, 기업부채, 가계부채를 바라볼 때면 '돈을 잃는 것은 자유를 잃는 것이고 자신을 잃는 것인데……' 하는 생각이 듭니다. '이렇게 돈을 펑펑 쓰다가 우리 사회가 또 한 번 큰 곤경에 빠지지 않을까?' 하는 걱정이 들 때도 있습니다.

수입이 보장될 때 훗날 돈의 부족 때문에 낭패를 당하는 일이 없도록 대비해야 합니다. 돈이 떨어지면 남들이 자신을 어떻게 대하는지와 상관없이 스스로 무너질 가능성이 높습니다. 의지가 굳지 않은 대부분의 사람들은 수중에 돈이 없으면 심리적으로 육체적으로 위축됩니다. 요즘 말로 표현하면 '멘탈 붕괴'라고나 할까요.

『탈무드』는 돈이 떨어졌을 때의 인간 심리를 다음과 같이 적나라하게 표현하고 있습니다. "수중에 돈이 떨어지면 누구도 스스로를 통제할 수 없다."(「요마」 85b)

한편, 돈이 떨어지면 자신만 흔들리는 게 아닙니다. 다른 사람들의 태도도 달라집니다. 사업을 하다가 망하거나 실직하거나 해서 갑자기 경제적 어려움을 겪어본 적이 있는 사람이라면 사람들의 태도가 갑자기 변하는 경험을 했을 것입니다.

그런 사람들을 매정하거나 비열하다고 비난할 수도 있지만 '사람이란 본래 그런 존재'라고 말하는 것이 더 정확합니다.

한 사람이 가진 힘의 원천에는 돈도 있고 권력도 있고 명성도 있습니다. 그런 원천이 사라지고 나면 그를 대하는 사람들의 태도도 달라집니다. 물론 그렇지 않은 사람들도 있지만, 그런 것이 대부분 사람들의 본성입니다.

『탈무드』는 사람이 돈을 잃으면 어떤 일들이 일어나는지에 대해서 냉정하지만 현실적인 지혜를 줍니다. 아무도 돈을 잃은 사람에게 눈길을 주지 않고 무시할 수 있음에 대해 이렇게 말합니다. "돈이 떨어지면 아무도 우리를 존중하지 않을 것이다."(「에스겔 주해서」 2:4)

존중이란 말은 절제된 표현일 것입니다. '존중하지 않을 것이다'라는 표현보다는 '아는 체하지 않을 것이다' 혹은 '무시할 것이다'라는 표현이 더 정확할 것입니다. 세상인심이 그렇습니다. 이런 일이 타인들과의 사이에서만 일어나는 것은 아닙니다. 가족들 사이에서도 그런 일이 일어나는 것이 현실입니다.

사람이란 존재에 회의가 들 수도 있지만, 그것을 돈이 가진 속성이자 위력으로 이해하는 것이 정신건강에도 좋고 삶에도 도움이 될 것입니다. 너무 솔직한 생각일지 모르지만, 삶은 '생존과 성장에 필요한 돈을 구하는 여행길'로 이해할 수도 있을 것입니다.

가난하면 사람들에게 잊힌다

"랍비 조슈아 레비는 말하였다.
'세상에는 죽은 사람으로 간주되는 네 종류의 사람이 있다.
가난한 사람, 나병 환자, 눈먼 사람,
그리고 자식이 없는 사람이다.
그렇다. 가난한 사람은 죽은 자와 같다.'"

「네다림」 64b

"사람들이 왜 나를 알아보지 못할까?" 한 유명한 방송인이 저에게 털어놓은 말입니다.

그는 오랜 기간 TV에서 경제 관련 프로그램을 맡아서 활발히 활동해 왔습니다. 그런데 다른 업무 때문에 3개월 정도 방송 출연을 못했다고 합니다. 그 짧은 시간 동안 놀랍게도 자신을 알아보는 사람들이 확 줄어드는 것을 보면서 적지 않은 충격을 받았다고 합니다.

타인으로부터 받는 주목, 찬사, 갈채란 것이 이처럼 오래 가지 않습니다. 사람들은 다들 바쁘게 살아가고 세상은 빠르게 변화하기 때문에 익숙했던 것도 눈에 띄지 않으면 금방 잊어버립니다.

무대 조명이 꺼지면 캄캄해지는 것에 비유할 수 있습니다. 언젠가는 무대 조명이 꺼질 수밖에 없습니다. 그때가 되면 내가 추구해 온 것이 도대체 무엇인지 한탄하는 사람들도 있습니다. 그러나 인정이든 명성이든 모든 것은 부서지기 쉽고 잊히기 쉽습니다.

인정받고 싶은 욕구를 인간 본성으로부터 제거할 수는 없습니다. 타인으로부터 인정받고 싶고 박수 받고 싶은 욕구를 인류 역사의 추동력으로 꼽는 학자들도 있습니다. "인류 역사는 인정을 향한 투쟁"이라고 설파한 학자도 있습니다. 이런 주장에는 일리가 있습니다.

우리는 왜 열심히 살아가는가? 이런 질문에 대해 솔직한 답을 찾다 보면, '타인으로부터 인정을 받고 싶어서'라는 마음으로부터 자유로운 사람이 얼마나 되겠습니까? 사람마다 정도의 차이는 있겠지만 대부분은 인정받고 싶은 욕구로부터 자유로울 수 없을 것입니다.

선거철이 되면 '저 사람은 자기 분야에서 꾸준히 하면 더 멋진 인생을 살 수 있을 것이고 사회에 기여도 많이 할 텐데……'라는 생각이 드는 이들이 출사표를 던집니다. 그들은 '민족을 위해서, 사회를 위해서' 같은 정치에 참여하는 목적을 이야기합니다.

그런 이야기를 들을 때면 '과연 저게 진심일까?' 하는 생각에 고개가 갸우뚱해집니다. 오랫동안 잘 알고 지내는 한 정치인에게 슬쩍 물어보았습니다. 그러자 그는 이렇게 단호하게 말했습니다. "간단한 겁니다. 폼을 잡고 싶어서 나오는 거죠. 남들이 다 알아주잖아요."

가난의 그림자

가난이 가져오는 어두운 면은 여러 가지가 있습니다. 우선 필요한 것을 가질 수 없기 때문에 불편합니다. 생존이 위협받을 수도 있습니다. 또한 가난은 자존감을 허물어뜨리기도 합니다.

가난이 주는 어두운 면들 가운데 빼놓을 수 없는 것이 망각의 대상이 될 수 있다는 점입니다. 사람들의 기억 속에 잊힌 존재가 되는 것입니다.

자본주의는 무대에 비유할 수 있습니다. 자신이 유능함을 증명하는 데 성공한 사람들은 오랫동안 무대의 중심부를 차지합니다. 어떤 면에서 보면 살아가는 일은 무대의 중심에 서기 위한 경쟁으로 볼 수도 있습니다. 그 경쟁에서 패한 사람들은 무대의 중심에서 주변부로 밀려나고, 나중에는 무대 바깥으로 퇴장당합니다.

『탈무드』는 가난이 얼마나 힘든 것이며 가난해지면 사람이 어떤 상황에 처할 수 있는지를 냉정하게 지적하고 있습니다. "가난은 다른 모든 곤경을 뛰어넘는 고난이다."(「출애굽기 주해서」 31:14)

나아가 앞에 소개한 인용문에서처럼 이렇게까지 얘기합니다. '가난한 사람은 죽은 자와 같다.' 찾는 사람이 없는 황량하고 쓸쓸한 겨울의 바닷가와 같은 것이 가난한 사람이 처하게 되는 상태입니다.

심각한 가난에 처하거나 높은 직책에서 추락한 경험이 있는 사람은 남들에게 잊힌 존재가 되는 것이 어떤 것인지를 누구보다도 잘 알 것입니다. 오죽하면 그런 상태를 '죽은 자와 같다'고 말했겠습니까. 그런 경험을 한 번이라도 해본 사람이라면 잊힌 존재가 되지 않기 위해서 최선을 다해 사는 것은 선택이 아니라 필수임을 압니다.

『탈무드』는 가난의 그림자를 이야기하며 사람들에게 묻습니다. '당신은 잊힌 존재가 되고 싶은가?' '잊힌 존재가 되지 않기 위해 지금 무엇을 해야 하는지 알고 있는가?' '지금 그 일을 잘 해내고 있는가?'

사실 모두가 이런 질문들을 자신에게 끊임없이 던지면서, 스스로를 채찍질하면서 살아가고 있을 것입니다.

3

경제력이 흔들리면 가정도 흔들린다

"사람은 늘 먹고살 수 있는 경제력이 있어야 한다.
재정적인 어려움은 불화를 부르기 때문이다."

『바바 메치아』 59a

"남편이 아내를 먹여 살릴 돈이 없다면,
우리는 그를 이혼하게 할 것이다."

『이븐 해저』 70:2

시대가 많이 변했다고는 하지만 가장(家長)의 가장 큰 의무는 달라지지 않았습니다. 바로 가족을 먹여 살리는 일입니다.

소설가 김훈은 『밥벌이의 지겨움』이란 책에서 가장의 비애이자 책임감을 다음과 같이 표현한 바 있습니다.

"전기밥통 속에서 밥이 익어가는 그 평화롭고 비린 향기에 나는 한평생 목이 메었다. 이 비애가 가족들을 한 울타리 안으로 불러 모으고 사람들을 내몰아 밥을 벌게 한다. 밥에는 대책이 없다. 한두 끼를 먹어서 되는 일이 아니라, 죽는 날까지 때가 되면 반드시 먹어야 한다. 이것이 밥이다. 이것이 진저리 나는 밥이라는 것이다."

불황이 닥쳤어도, 해고를 당했어도, 가장은 식구들을 먹여 살려야 하는 책임으로부터 자유로울 수 없습니다. 여기서 '식구(食口)'라는 한자의 의미는 생각하기만 해도 의미심장합니다. 먹을 '식'에 입 '구' 자가 합쳐진 가정의 구성원들입니다.

남편이 그 역할을 제대로 할 수 없다면 아내가 할 수도 있습니다. 그러나 남편이 집안의 든든한 바람막이 역할을 할 수 없다면 집안의 화목이 깨질 가능성이 훨씬 높아집니다. 실제로 결혼생활이 깨지는 많은 경우는 남편이 가족을 부양하는 책임을 다하지 못할 때 일어납니다.

누구도 그런 상황을 원하지 않지만 불시에 그런 일이 닥칠 수 있습니다. 특히 고용 기간이 점점 짧아지고 경기의 부침과 변화의 속도가 빨라지는 시대에는 누구나 언제든 직장을 잃어버릴 가능성이 높습니다.

나름대로 철저한 준비를 해온 사람이라도 예상하지 못한 어려움을 당할 가능성은 언제나 있습니다. 저도 뜻하지 않게 직장을 잃은 경험이 있습니다. 그런 경험 때문에 직장을 잃어버린 가장이 어떤 상황에 처하는지를 잘 이해할 수 있습니다.

비를 피할 수 없다면, 기꺼이 함께 맞아라

직장을 잃고 생계 수단을 잃는 어려움에 처하지 않도록 노력해야겠지만, 사람의 일이라는 게 그런 일을 완벽하게 피하기란 불가능합니다.

불행히도 그런 일을 맞닥뜨리면 어떻게 해야 할까요? 수입이 끊기면 당황하게 마련입니다만, 지나치게 자신을 질책하거나 낙담하지 않도록 해야 합니다. 이럴 때일수록 몸과 마음을 건강하게 지키면서 새로운 기회를 찾기 위해 노력해야 합니다.

어려운 시기가 늘 어둡기만 한 것은 아닙니다. 어려운 시기도 빛과 그림자가 함께합니다. 어려움을 이겨내고 나면 사람이 한층 더 성숙해집니다. 자신감과 자부심도 커지고 겸손해집니다. 아이들 또한 부쩍 철이 들기도 하고, 교실에서 배울 수 없는 것들을 배웁니다.

따라서 어려운 시기가 오면 낙담하지 말고 가능한 한 밝은 면에 주목하기 바랍니다. 그리고 그런 시기가 지나면 밝은 날이 온다는 것을 잊지 마세요. 인생은 오르막과 내리막의 조합으로 이루어지는 것이니까요.

『탈무드』에는 가정에 어려움이 생겼을 때 가족 구성원들이 "집에서 너무 심하게 화를 내면 안 된다."(「기틴」 6b)라고 하며, 가정 내에서 어떻게 해야 하는지에 대한 지침도 나옵니다.

이는 가정에 어려운 일이 생겼을 때 지나치게 분노하지 않아야 한다는 조언으로 받아들일 수 있습니다. 특히 가장이 낙담한 나머지 분노를 강하게, 혹은 자주 표출하지 않도록 주의해야 합니다. 힘든 때일수록 가장은 마음을 다스리고 다시 일어나기 위해 노력해야 합니다.

아내는 재정적인 어려움을 만나 위축된 남편에게 힘이 되어주어야 합니다. 사실 남편이 어려움에 처했을 때 더 중요한 역할을 담당하는 사람이 바로 아내입니다. 아내가 남편의 재기를 도울 수도 있고, 남편이 완전히 무너지는 데 한몫할 수도 있습니다.

그런 어려움을 통해서 부부의, 가족의 결속력이 강화되기도 합니다. 『탈무드』는 아내가 얼마나 중요한 역할을 하는지에 대해 이렇게 말합니다.

"좋은 아내를 가진 남편은 모든 날들이 미덕으로 가득 찬다. 반면에 나쁜 아내를 가진 남편은 끊임없이 고통을 당하게 된다." ─「바바 바트라」 145b

우리 인생이 짧다면 짧지만, 항상 좋은 일만 있을 수는 없을 만큼 깁니다. 가정에는 언제든 경제적 어려움이 닥칠 수 있습니다. 비가 오기 전에 준비하는 것도 중요하지만, 장대비가 쏟아질 때 함께 가정을 지키고 남편에게 든든한 원군이 되어주는 현명한 아내가 되어야 합니다.

아내 이야기를 하다 보니 한 사업가가 어머니를 회상하는 글의 한 구절이 떠오릅니다. "일이 잘못 될 때도 항상 어머니는 '모든 게 다 잘될 거다'라는 위로 겸 덕담을 해주셨습니다." 그는 어머니의 말이 자신뿐만 아니라 가족에게 큰 위안이 되었다고 말합니다.

지혜란 바로 이런 것입니다. 『탈무드』가 말하는 아내의 지혜도 바로 이런 지혜일 것입니다.

여우와 물고기

여우가 강둑을 따라 걷다가 물고기들이 강 속에서 떼를 지어 움직이는 것을 보고 물었습니다. "너희는 무엇을 피하고 살아남았니?"

물고기들은 답했습니다. "인간들이 우리를 잡으려고 던진 그물을 피하고 살아남았어."

그러자 꾀를 낸 여우는 이렇게 물었습니다. "마른 땅으로 올라오는 게 어때? 그래서 너희 조상들과 우리 조상들이 그랬던 것처럼 함께 사는 거야."

물고기들이 답했습니다. "네가 동물들 가운데 가장 영리하다는 여우지? 그런데 넌 영리한 게 아니라 바보구나. 우리가 살고 있는 곳도 두려운데, 우리가 죽을지도 모르는 환경은 얼마나 무섭겠니!"

— 「베라코트」 61b

이 우화에 담긴 뜻을 이해하려면 우선 이 우화가 등장하게 된 배경을 이해할 필요가 있습니다. 로마가 유대인들을 지배하던 시절, 유대인들이 모세 오경을 공부하는 것을 금지하는 명령이 내려졌습니다. 그런 상황에서도 노년의 랍비 아키바는 사람들을 모아서 모세 오경을 가르쳤습니다.

어느 날 그런 그에게 로마군의 협력자였던 파푸스 벤 유다가 물었습니다. "랍비 아키바, 당신은 로마 정부가 무섭지 않습니까?" 그러자 랍비 아키바가 "당신에게 우화 하나를 소개하겠소"라고 답하면서 들려준 것이 위의 우화 「여우와 물고기」입니다.

✤ 유대인들에게 모세 오경은 생명 그 자체

물을 떠난 물고기는 상상할 수 없습니다. 마찬가지로 유대인들은 생명의 원천인 모세 오경 없이는 살아갈 수 없다는 주장이 이 우화에는 담겨 있습니다. '물을 떠난 물고기'를 상상할 수 없는 것처럼 '모세 오경을 떠난 유대인'은 상상할 수 없다는 이야기입니다.

유대인들에게 모세 오경은 단순한 책이 아닙니다. 모세 오경의 다섯 번째 책인 「신명기」에서는 모세 오경이 생명 그 자체임을 다음과 같이 말하고 있습니다. "네 하나님 여호와를 사랑하고 그의 말씀을 청종하며 또 그를 의지하라. 그는 네 생명이시요 네 장수이시니."(「신명기」 30:20)

결국 랍비 아키바는 로마군의 명령에도 불구하고 계속해서 모세 오경을 가르치다가 붙잡혀 감옥에서 죽임을 당하고 맙니다. 그가 감옥에

간혀 있는 3년 동안 로마군은 고문과 협박은 물론이고 온갖 회유를 다하지만 그는 뜻을 굳히지 않고 순교의 길을 선택합니다.

✤ '여우'의 유혹을 피하려면

여기서 몇 가지 질문을 던져볼 수 있습니다. 여러분이 물고기라고 가정해 보세요. 여러분에게 '물'은 무엇입니까? 혹은 어떤 곳입니까? 또한 '여우'는 무엇이라고, 혹은 어떤 존재라고 생각합니까?

예를 들어보겠습니다. 능력을 한껏 발휘하면서 어떤 일을 잘 하고 있는 사람이 있다고 합시다. 그런데 그에게 감언이설로 달콤한 보상을 약속하면서 전직(轉職)을 권하는 사람이 있습니다. 그런 사람을 위 우화 속 여우라고 할 수 있을 것입니다. 그렇게 접근하는 사람은 유혹당하는 사람의 안위나 미래는 안중에 없을 것입니다.

세상을 살다 보면 이런 여우 같은 사람들이 있습니다. 여우가 물고기를 꾀려 할 때 하는 조언도 교묘합니다. 그냥 물에서 나오라고 말하지 않습니다. 어부가 던질 그물의 위협을 상기시키기도 하고 조상 이야기를 하기도 합니다.

이처럼 누군가 여러분을 꾀려고 할 때는 그 사람이 하는 말의 빛과 그림자를 잘 구분할 수 있어야 합니다. 그렇지 않으면 크게 당할 수 있습니다. 달콤한 유혹에 넘어가 물고기가 물을 떠나 뭍으로 올라오는 순간 어떤 일이 벌어질까요? 죽음이 기다리고 있을 것입니다.

제 지인 중에 학원업으로 상당히 성공한 사람이 있습니다. 그는 학생들을 가르치는 일에 무척 뛰어나서 학원이 날로 번창했습니다. 그런데 학원이 자리를 잡자 그에게 바람을 넣는 친구가 등장했습니다. 결국 친구의 유혹에 따라 그는 정치의 길로 외도를 시작했습니다. 그리고 재산을 모두 날리는 데는 채 3년이 걸리지 않았습니다.

제 지인처럼 정치의 유혹으로 그때까지 쌓아온 것을 모두 날릴 수도 있고, 무리한 사업이나 도박, 이성의 유혹 때문에 모든 걸 잃을 수도 있습니다.

살아가는 시대와 처한 상황은 모두 달라도 누구에게나 '물고기'와 '물'이 있을 것이며, '여우'와 '땅'이 있을 것입니다. 여우가 유혹해 올 때 스스로를 지킬 수 있는 것이 있어야 합니다.

랍비 아키바는 모세 오경의 지혜가 그런 유혹으로부터 사람을 지켜줄 수 있다고 믿었습니다. 여러분도 유혹으로부터 지켜줄 수 있는 여러분 각자의 '모세 오경'을 찾는 노력을 하기 바랍니다.

4

돈은 마실수록 목이 마르다

> "랍비 시몬 벤 조마가 말하였다.
> '부자란 어떤 사람인가?
> 『성경』 말씀처럼 자기 몫에 만족하는 자이다.'
> '네가 네 손이 수고한 대로 먹을 것이라.
> 네가 복되고 형통하리로다.' (「시편」 128:2)"
>
> 「피르케이 아보트」 4:1

"돈은 사람을 결코 행복하게 만들지 못하였고, 앞으로도 그럴 것이다. 왜냐하면 사람들은 더 많이 가지면 더 많이 원하게 되기 때문이다. 돈은 허전함을 채우기보다는 허전함을 만들어낸다."

미국 건국의 아버지 가운데 한 사람이자 계몽사상가, 사업가, 과학자로 명성을 날렸던 벤저민 프랭클린의 명언입니다.

인간은 어느 정도의 돈을 가지면 충분하다고 느낄까요? 이 질문에 대해서는 답을 얻을 수 없습니다. 돈에 관한 한 대부분의 사람이 만족할 수 있는 한도란 없기 때문입니다.

철학자 쇼펜하우어는 이를 다음과 같이 날카롭게 묘사했습니다. "돈은 바닷물과도 같다. 마시면 마실수록 목이 마르다."

『탈무드』는 '부자란 어떤 사람인가?'라는 근원적인 질문을 던집니다. 부자에 대해 『탈무드』가 전하는 지혜의 핵심은 두 가지로 모아집니다. 하나는 부자라면 부를 즐길 수 있어야 한다는 것이고, 또 하나는 자신에게 주어진 몫과 운명에 만족할 수 있어야 한다는 것입니다.

즐김과 관련해서는 이런 내용도 나옵니다. "하나님이 그들에게 말했다. 어떤 사람을 부자라고 부르는가? 어떤 사람이 부자인가? 자신이 가진 부를 즐기는 자이다."(「타미드」 32a)

'즐긴다'는 말에는 자족(自足)의 의미도 들어 있을 것입니다. 스스로 만족하는 것입니다. 이처럼 부자를 규정짓는 핵심 키워드는 '즐김'과 '만족'입니다.

내가 지금 가지고 있는 것은 무엇인가

여기서 부자가 되기 위한 선행조건이 있습니다. 부를 물질적인 부에 국한한다면 부자가 될 수 있는 사람은 거의 없으리라는 사실입니다. 부의 개념을 넓게 확장해서 물질적인 것은 물론이고 정신적인 것과 지적인 것, 육체적인 것 등을 모두 포함해야 합니다.

돈을 비롯한 각종 물적 재산은 물론이고 시간, 젊음, 건강, 에너지 등을 모두 포함해야 합니다. 어떤 개인이 소유하고 있는 것 가운데 자유

자재로 처분할 수 있는 자원을 모두 부에 포함할 때 부자에 대한 제대로 된 이해가 가능할 것입니다. 이처럼 부에 대한 관점을 재정립할 때 비로소 부자로 가는 길이 열립니다.

부자가 되기를 소망한다면 우선 부를 바라보는 관점을 제대로 세워야 합니다. 물질적인 부에만 사로잡힌 사람이라면 결코 부자가 될 수 없습니다. 항상 자신보다 더 많이 가진 사람이 있게 마련이기 때문입니다. 그런 사람들조차 늘 물질적 부에 대한 갈증을 느낄 수밖에 없을 것입니다.

그렇다면 자신이 가진 것을 즐기고 자신의 몫에 만족하는 사람들은 어떤 특징을 갖고 있을까요? 그들은 자신이 가진 것을 이따금 헤아려보고 감사합니다. 그리고 순간에 충실하게 살아갑니다.

큰 부를 가진 사람들 가운데에는 이른 아침부터 밤늦은 시간까지 정신없이 자신을 몰아붙이면서 살 수밖에 없는 사람들이 많습니다. 반면에 물질이란 면에서는 그들에 비할 바 안 되지만 자신의 스케줄에 맞춰서 완급을 조절하며 일할 수 있는 사람들이 있습니다.

이들은 때로 넓은 창이 있는 카페에 앉아서 아이디어를 구상하면서 '내가 참 행복한 시간을 보내고 있구나' 하는 생각을 하기도 합니다. 세상 사람들은 이들을 부자라고 부르지 않을지 모릅니다. 그러나 『탈무드』가 말하는 부자에는 이런 사람들도 포함됩니다.

자신이 가진 것을 온전히 헤아리고 즐길 수 없는 사람이라면 어떻게 부자라고 할 수 있겠습니까? 물론 일정 수준 이상의 물질적 수입은 보장되어야 합니다. 일찍이 행복론을 설파한 아리스토텔레스조차도 지나친 가난은 행복의 걸림돌이 된다고 지적했습니다.

생활에 불편함이 없을 정도의 물질적인 부가 충족되고 나면 그다음부터는 삶을 살아가는 태도와 마음가짐에 따라 부자가 될 수 있느냐 없느냐가 결정됩니다.

『탈무드』가 전하는 부자에 대한 지혜는 세월이 흐르면서 제가 느끼는 부자의 정의와 일치합니다. 나이를 먹을수록, 사람이 불편함을 느끼지 않고 살아가기 위해 필요한 물질적 부는 그렇게 높은 수준이 아니라는 점을 확인하게 됩니다. 그다음부터는 삶의 순간순간을 어떻게 받아들이느냐에 따라 부자가 결정됩니다.

부를 바라보는 시각과 삶을 살아가는 태도를 살짝 바꾸기만 해도 삶에는 혁명적인 변화가 일어납니다.

5

모든 재산을 한 군데에 투자하지 마라

> "부는
> 셋으로 나누어서 관리하라.
> 3분의 1은 땅에,
> 3분의 1은 상품에,
> 나머지 3분의 1은 현금으로 투자하라."
>
> 「바바 메치아」 42a

세계사적으로 유명한 상인들은 세 부류가 있습니다. 유대 상인, 중국 상인 그리고 아랍 상인입니다. 현대에 와서 아랍 상인들의 위세는 크게 떨어졌지만, 유대 상인들과 중국 상인들의 위력은 여전히 막강합니다. 앞으로는 어떨까요? 지금까지 그래왔던 것처럼 앞으로도 크게 변하지 않을 것입니다.

서기 70년 로마군이 예루살렘 성전을 파괴한 후 나라를 잃어버린 유대인들은 전 세계에 흩어져 살아야 했습니다. 이들을 '디아스포라 유대인'이라 부릅니다. 사실, 이스라엘이 로마군에게 점령당한 후로는 거의 모든 유대인들을 디아스포라 유대인이라 불러도 틀리지 않습니다.

디아스포라 유대인들은 타지에서 끊임없이 박해를 당하였고, 기반을 잡은 나라에서 불시에 추방당하는 일도 자주 있었습니다.

서구 역사에서 이처럼 유대인을 박해하는 반유대주의(anti-semitism)의 역사는 무척 뿌리가 깊습니다. 그 가운데 예외적인 나라가 있었습니다. 바로 스페인입니다.

중세 초기부터 14세기까지 스페인은 라틴 세계에서 유대인들이 살아가기에 가장 안전한 나라였습니다. 유대인들 가운데 스페인의 지배층에 진입한 사람들도 많았고, 그들은 금융, 과학, 상업 등을 통해 스페인제국의 번영에 크게 기여하였습니다.

그러던 중 스페인에서도 반유대주의 분위기를 형성하는 사건이 일어납니다. 1240년 교황 그레고리오 9세가 유럽 제후들에게 이런 편지를 보냅니다.

"유대인들이 회당에 모여들 때에 그 저주받은 책(『탈무드』)을 압수하여 우리의 친애하는 아들들인 도미니크회 수도사들과 프란체스코회 수도사들에게 보내라."

이후 스페인에서도 반유대주의 분위기가 점점 확산되었고, 마침내 1492년 3월 31일에 유대인 추방령이 공표됩니다. 개종하지 않은 유대인은 즉시 스페인에서 추방한다는 것이었습니다. 이 조치는 1492년 7월 말에 이르러 완결됩니다.

예상할 수 없는 고난의 시기를 대비하라

이처럼 유대인들은 오랜 세월 동안 생활 기반을 잡고 있던 나라에서도 추방령이 내려지면 곧바로 떠나야 했습니다.

박해를 피해서 끊임없이 새로운 곳에 정착해야 했던 유대인들은 특별한 능력을 소유하게 되었습니다. 상황 변화에 적응하고 새로운 정착지에서 빨리 자리를 잡는 능력이 바로 그것입니다.

그들은 또한 이런 고난의 시절을 통해서 자신을 보호하는 방법을 익히게 됩니다. 예상할 수 없는 고난의 시기를 대비해서 재산을 지키고 불려가는 것이었죠. 이는 선택이 아니라 필수였습니다. 유대인들에게 재테크는 생존을 위한 절박한 수단이었던 것입니다.

유대인들이 재산을 지키고 불리는 방법은 철저한 분산 투자에 바탕을 두고 있습니다. 땅, 상품, 현금에 3분의 1씩 투자하는 것을 원칙으로 했습니다.

땅, 상품, 현금이라는 세 단어에서 저에게 바로 떠오른 것은 '환금성(換金性)'입니다. 여기서 상품은 손쉽게 거래할 수 있는 모든 것을 말합니다. 주식이나 채권 같은 유가증권이 대표적인 상품에 속합니다. 상품은 환금성이 비교적 높습니다.

반면에 땅은 환금성이 매우 낮습니다. 유대인들은 살던 곳의 정치 및 경제 상황이 변화하면 언제 추방당할지 모르는 위험을 늘 안고 살았습니다. 따라서 그들은 환금성이 낮은 것(땅)에는 3분의 1만 투자하라고 권합니다.

환금성이 뛰어난 재산 외에 그들이 중요하게 여긴 것은 무역과 기술이었습니다. 이것들은 모두 유동자산에 해당합니다.

시대가 크게 변했다고 하지만 이 같은 투자 원칙은 지금도 중요한 의미를 갖고 있습니다. 우리가 잘 아는 '모든 재산을 한 군데에 투자하지 말라'는 격언의 출처도 『탈무드』입니다.

"모든 돈을 한 바구니에 담지 마라." ─「창세기 주해서」 76:3

분산하여 투자해야 한다는 것 외에 재산 관리에는 또 하나의 중요한 원칙이 있습니다. 과도한 수익을 약속하는 타인의 말이나 뜨겁게 달아오른 유행에 휘둘려서 쉽게 투자하면 안 된다는 것입니다. 그렇게 해서 귀한 돈을 잃는 실수를 범하지 않아야 합니다.

위대한 투자가 워렌 버핏은 '대중 심리에서 벗어나 독립적으로 생각하라' 그리고 '투자를 할 때는 자신의 이해가 가능한 것, 즉 자신이 잘 아는 것을 선택하라'라고 조언합니다.

대부분의 성인들이 사회에 첫발을 내딛고 경제활동을 시작할 때는 투자에 대해 별다른 지식이 없는 상태입니다. 일부 예외는 있겠지만 말입니다. 학창 시절 동안 사람들은 세상을 살아가는 데 별로 쓸 일이 없는 것은 많이 배우지만 실제로 쓸모가 있는 것을 배울 기회는 드뭅니다. 그래서 투자에 관해서도 큰 비용을 지불하면서 소중한 지혜를 얻습니다.

자본주의는 자꾸만 새로운 유행을 만들어냅니다. 이런 유행이 사람들의 눈을 가리고, 그렇게 눈이 가려진 사람들의 돈을 빼앗아가는 사람들은 도처에 있습니다. 자신을 보호하는 투자 능력을 갖고 있지 않다면 손해를 볼 수밖에 없습니다.

기억하세요. 사람들의 말만 듣고, 혹은 유행을 따라 투자하지 마세요. 자신이 잘 아는 것에, 스스로 확신하고 책임질 수 있는 것에 투자하세요.

6

일이 없다면 사람은 죽을 수도 있다

"어떤 사람이 일을 한다면,

그 사람은

축복을 받은 것이다."

「시편 주해서」 23:3

일하라! 열심히 일하라!

『탈무드』를 관통하는 메시지 중 하나가 자신과 가족을 위해 열심히 일하라는 것입니다. 동시에 사회에 부담이 되는 사람이 되지 말라는 메시지도 담겨 있습니다.

『탈무드』는 인간은 자신과 가족의 생계에 대해 강한 책임감을 가져야 한다고 주장합니다. 자신과 가족의 앞가림을 열심히 하면서 타인을 돕는 일도 적극적으로 권합니다. 자신의 소득 가운데 20퍼센트를 넘지 않는 범위 내에서 남들을 돕기를 적극적으로 장려하기도 합니다.

여기서 일과 직업의 소중함을 굳이 강조할 필요는 없을 것입니다. 취업을 하지 못해서 고생해 본 사람은 일을 한다는 것이 단순히 생계 유지 그 이상을 뜻한다는 것을 잘 알고 있을 것입니다.

저는 학업을 마친 후 첫 직장을 잡는 데 애를 먹었고, 그런 고생이 일에 대한 관점과 태도를 결정하는 데 큰 역할을 하였습니다. 마찬가지로 전업이나 전직 과정에서 문제가 생겨서 고생을 해본 사람도 출근할 직장이 있다는 것이 얼마나 대단하고 감사한 일인지를 온몸으로 체험하게 됩니다.

오늘날은 수명이 길어져서 정년퇴직을 하더라도 계속할 수 있는 일을 찾아야 하는 경우가 많습니다. 그런 점에서 지금은 모두가 평생 쉽지 않은 도전 과제를 안고 살아간다고 할 수 있습니다.

일을 축복으로 받아들여라

이왕 일을 하고 살아야 한다면 일을 진지하게 하고, 나아가 사랑하는 경지까지 끌어올릴 수 있다면 멋질 것입니다. 자신의 일에 흠뻑 빠져 일하는 사람의 모습은 적지 않은 감동을 줍니다. 그래서 그를 따르거나 돕는 사람들에게서 자발적인 협조를 얻게 됩니다.

『탈무드』에서는 다음과 같이 일을 축복으로 받아들입니다.

"사람은 해야 할 일이 없다면 죽을 수도 있다." ─「랍비 나탄의 잠언」 11:23a

"축복은 사람이 하는 일에만 깃든다." ―「페시크타 라바티」 19

"모세 오경을 공부하며 세상의 일도 함께하니 이 얼마나 멋진 일인가!"

―「피르케이 아보트」 2:2

마지막 말이 특히 인상적입니다. 유대인들은 모세 오경을 공부하는 일을 직업과 동일하게 중시합니다. 자연히 모세 오경 공부를 열심히 할 수밖에 없습니다.

오늘날 우리 사회에서 인문학에 대한 관심이 부쩍 증가하고 있는데, 유대인들은 유소년기부터 신앙뿐만 아니라 인문학 공부를 모세 오경을 통해서 해오고 있습니다.

『탈무드』 속에 직업에 대한 사랑과 헌신을 강조하는 지혜가 들어 있다는 사실은 특히 주목할 만합니다. 세상을 크게 바꾸는 창의적 아이디어가 유대인들에게서 많이 나오는 것도 이런 점이 어느 정도 역할을 했을 것입니다. 관점을 바꾸면 세상이 달리 보이기 때문입니다.

일을 생계유지의 수단을 넘어서 고결함을 실천하는 과정으로 생각할 수 있다면 일에서 얼마나 많은 결실이 나오겠습니까!

『탈무드』의 지혜가 추상적이고 관념적이지 않고 구체적이고 실용적인 건 대부분의 현자들이 가난한 집안 출신으로 일하며 생활비를 벌어야 하는 근로자였기 때문이기도 합니다.

유대교 율법의 기초인 『미시나(Mishnah)』 편집의 초석을 닦았던 랍비 아키바는 양치기를 해서 생활비를 해결했습니다. 랍비 메이르(Meir)

도 필경사로 생활비를 벌어서 활동했습니다. 랍비 요세 벤 하라타(Yose ben Halafta)는 가죽 제품을 만드는 장인이었습니다. 랍비 조슈아 벤 하나니아(Joshua ben Hananiah)는 바느질로 생계를 이었으며, 랍비 유다 바 일라이(Judah bar Ilai)는 제빵사, 랍비 압바 사울(Abba Saul)은 무덤 파는 일을 하던 사람입니다.

따라서 그들은 실용적인 지식을 배우고 익혀서 실천하는 일에 대해서도 확고한 신념을 갖고 있었습니다. 그들은 모세 오경을 공부하면서도 동시에 현실에 필요한 각종 기술과 지식을 배워야 한다고 역설했습니다. "모세 오경을 공부하는 일은 직업과 좋은 조합을 이룬다. 두 가지를 열심히 하는 것은 인간의 죄를 없애주기 때문이다. 일과 함께 하지 않는 모세 오경 공부는 계속되지 못할 것이며, 죄를 낳게 될 것이다." (「피르케이 아보트」 2:2)

일을 통해 더 나은 세상을 만든다

한편 『탈무드』는 일을 단순히 먹고살기 위해서 하는 것이 아니라 더 고결한 차원으로 끌어올립니다. 일을 하나님과 인간 사이에 맺어진 계약으로 받아들입니다. 어느 누가 일이나 직업을 이처럼 신성한 것으로 만들 수 있을까요? '일은 하나님과 맺은 계약'이라는 직업관이 유대인 가운데 걸출한 인물이 많이 나오는 데 기여하였을 것입니다.

유대인들의 직업관은 『탈무드』에 이렇게 기록되어 있습니다. "사람은 일(직업)을 사랑해야 한다. 싫어해서는 안 된다. 모세 오경이 하나님으로부터 우리에게 주어진 서약(인간을 향한 하나님 편에서의 일방적인 약속이나 계약)인 것처럼 일 또한 우리에게 주어진 서약이다."(「랍비 노손의 잠언」 11:1)

이런 직업관은 유대인의 믿음을 살펴보면 이해할 수 있습니다. 유대인들의 믿음은 세 가지 기둥, 즉 '하나님, 이스라엘, 토라(유대교 율법서)' 위에 우뚝 서 있는 건물과 같습니다.

유대교의 신비주의자들은 이 세 가지 기둥을 기독교의 삼위일체에 비유할 정도로 중요하게 여깁니다. 이들 가운데 하나라도 무너지거나 없어지면 다른 것들도 바로 없어지고 만다고 생각합니다.

그들의 종교적 믿음은 하나님을 믿고, 이스라엘 백성들이 맺은 영원한 서약(계약)을 지키며, 토라에 나오는 지혜와 생활 방식을 지키면서 살아야 한다는 것입니다.

그런데 세 가지 가운데 으뜸은 무엇일까요? 그것은 오로지 단 한 분인 하나님을 향한 믿음입니다. 유대교에서는 하나님이 두 가지 일을 하셨고 지금도 계속하고 계시다고 믿습니다.

첫 번째 일은 우주 만물을 창조한 창조사역입니다. 두 번째 일은 지금도 계속되고 있는 제2의 창조사역입니다. 이때 제2의 창조사역은 세상을 더 나은 곳으로 만들기 위해 세상을 개선하고 혁신하는 것으로 이해할 수 있습니다.

『머니 코드(The Money Code)』라는 책을 펴낸 H. W. 찰스(H. W. Charles)는 유대인의 직업관에 대해 다음과 같이 말합니다.

"유대인들은 사람이 소비자가 아니라 창조자라고 믿는다. 그들은 인간의 역할이 직업과 창조 그리고 혁신을 통하여 하나님의 창조사역을 더욱 개선하고 완전하게 하는 것이라고 믿고 행동한다."

놀라운 직업관입니다. 유대인들은 지금 이 순간도 더 나은 세상을 만들기 위해 활동하는 하나님이 존재한다고 믿습니다. 또한 자신들도 하나님을 도와서 더 나은 세상을 만들기 위해 노력하고 있다고 믿습니다. 그리고 이를 가능하게 만드는 것이 바로 자신의 직업이라고 생각합니다.

이렇게 생각하면 직업이란 것이 그들에게 얼마나 귀하고 소중하겠습니까! '나는 하나님을 도와서 세상을 더 나은 곳으로 만드는 창조사역에 동참하는 동역자다'라는 믿음은 유대인의 직업관의 밑바닥을 흐르는 반석 같은 믿음입니다. 이런 믿음이 그들 가운데 수많은 인재를 낳는 원동력이 되어왔습니다.

7

실용적인 기능이나 기술을 습득해야 한다

> "아들에 대한 아버지의 의무는 다음과 같다.
> 할례를 시켜주는 일, 장남은 죄 사함을 받도록 해주는 일,
> 모세 오경을 가르치는 일, 아내를 찾아주는 일,
> 그리고 기술이나 실용적인 기능을 가르치는 일이다.
> 또한 일부 랍비는 수영하는 법을 가르쳐야 한다고 말한다."
>
> 「키두신」 29a

부모는 자식에게 무엇을 가르쳐야 하는가?

『탈무드』는 부모가 자식에게 가르쳐야 할 것이 무엇인지 위와 같이 정확하게 제시하고 있습니다. 모세 오경과 아울러 아이들에게 실용적인 기술이나 기능을 가르치라고 합니다. 실용적인 기술이나 기능을 배워서 밥벌이를 하고 앞가림을 할 수 있게 해주어야 한다는 것입니다.

이런 말도 나옵니다. "아들에게 구체적이고 실용적인 기능이나 기술을 가르치지 않는 사람은 아들이 범죄자가 되도록 가르치는 것이다." (「키두신」 29a)

이 세상은 촘촘한 거래망으로 이루어져 있습니다. 물건이든 서비스든 무언가를 상대방에게 제공하고 그 대가를 얻어서 사는 것이 우리 삶의 큰 부분을 차지합니다. 자신이 타인에게 제공할 수 있는 구체적이고 실용적인 기능이나 기술을 익힌 사람이라면 누구든 그런 거래를 자연스럽게 받아들일 것입니다. 자신의 기능을 제공하고 거기에 합당한 대우를 받을 수 있기 때문입니다.

사람은 어려서부터 이런 사실을 배워야 합니다. 그러나 대부분은 시험 성적을 올리는 것의 중요성은 귀에 못이 박히도록 듣고 자라지만 실용적인 기술이나 기능 나아가 거래의 중요성은 거의 배우지 못한 채 학교생활을 마칩니다.

삶을 지지하는 든든한 기둥, 기능과 기술

유대인들이 길고 긴 유랑 생활 중에 어느 나라에서 생활 터전을 마련하든 부를 축적하고 일어서는 과정은 감탄을 불러일으키기에 충분합니다. 그것을 가능하게 해주는 지혜와 힘의 근원 역시 『탈무드』에서 찾을 수 있습니다.

아이들을 뼛속 깊이 기술자나 상인이 되도록 가르치는 것이 얼마나 값진 일인지에 대해 하나님의 든든한 '빽'까지 동원합니다. "누구든 구체적이고 실용적인 기술이나 기능을 배워야 한다. 그런 사람은 하나님이 생계를 유지할 수 있게 해줄 것이다."(『전도서 주해서』 10:6)

실용적인 기능은 어떤 어려움이 닥치더라도 사람을 보호해 줄 수 있는 수단이라는 사실도 다음과 같이 강조합니다. "기술이나 기능을 배운 사람들은 배고픔을 두려워할 필요가 없다."(「산헤드린」 29a)

이 이야기는 1998년 외환위기 당시의 한 에피소드를 떠올리게 합니다. 평소에 별로 귀하게 대접받지 못하던 대기업의 영업자들 다수가 당시 회사를 그만둔 후 자리를 잡는 데 성공하였습니다.

그런 사람들 가운데 한 사람인 지인은 이렇게 이야기합니다. "한 가지를 잘 팔아본 사람들은 다른 것을 파는 데 별로 어려움이 없습니다. 두려움은 더더욱 없지요."

특별한 기술이나 기능에 대한 자격증만이 실용적인 지식을 뜻하는 것은 아닙니다. 타인에게 무언가를 잘 팔 수 있는 능력이야말로 구체적이고 실용적인 지식의 대표 사례로 꼽을 수 있습니다. 반면에 사무실에 앉아 업무를 보던 사람들은 회사를 나가는 순간 자신이 할 수 있는 일이 별로 없다는 사실을 뼈저리게 느끼게 됩니다.

날이 갈수록 고용이 불안정해지고, 늘어나는 평균 수명 때문에 스스로를 부양해야 하는 시간이 길어지는 요즘, 실용적인 기술이나 기능을 갖는 것은 그 어느 때보다 더 중요해지고 있습니다. 어디에 가더라도 활용할 수 있는 실용적인 기능은 우리 삶을 지지해 주는 든든한 기둥이라 할 것입니다.

한편 유대인들은 실용적인 기능을 가진 사람이 다른 사람들과 거래를 할 때 지켜야 하는 두 가지를 강조합니다.

하나는 거래에서 정직의 중요성입니다. "네 이웃에게 팔든지 네 이웃

의 손에서 사거든 너희는 서로 속이지 말라."(「레위기」 25:14)

다른 하나는 거래에서 꼼꼼하게 계약을 맺는 것의 중요성입니다. 오늘날 이스라엘에는 수많은 곳에서 모여든 유대인들이 함께 어우러져 삽니다. 다양한 지역 출신들이 모여 살다 보면 지역색이 생겨나게 됩니다.

이란 출신 유대인들은 동료를 속이는 일이 잦기 때문에 유대인들 사이에서 좋은 대접을 받지 못합니다. 하지만 유대인들은 이란 출신 유대인들과 동업을 하는 데 문제가 없다고 합니다. 꼼꼼히 계약서를 작성한 다음 사업을 시작하기 때문입니다.

8

게으름은 악행의 근원이다

> "게으름은 큰 폐해를 낳는다.
> 일이 없으면 나쁜 짓을 하게 되기 때문이다."
>
> 『벤 시락의 지혜(집회서)』 33:29

> "노동은 위대하다. 노동은 노동하는 사람을
> 영예롭게 하기 때문이다."
>
> 「네다림」 49b

아무리 사소한 것이라도 몸을 움직이지 않으면 얻을 수 없습니다. 귀한 것일수록 얻기는 더욱 힘듭니다. 귀한 것은 그것을 얻기 위해 노력하는 사람들이 많아서 치열한 경쟁이 불가피하기 때문입니다. 어느 시대나 치열한 경쟁을 통해서 귀한 자원이 배분된다는 점에는 변함이 없습니다.

괄목할 만한 성과를 내는 사람들은 하나같이 성실하고 부지런합니다. 그런데 요즘은 '부지런히 움직이지 말고 놀아라!'라고 목소리를 높이는 지식인들도 더러 있습니다.

하지만 저는 그런 주장을 한때 스쳐 지나가는 의견 정도로 생각합니다. 자원을 나누어 갖기 위한 경쟁이라는 면에서 삶은 과거와 달라진 점이 없기 때문입니다.

게으름은 소중한 기회를 삼킨다

왜 게으름을 멀리해야 할까요? 『탈무드』는 뚜렷한 이유를 제시합니다. 하나는 게으름은 각종 폐해를 낳기 때문입니다. 그것도 아주 큰 폐해입니다.

인생은 끊임없이 점과 점을 연결해 나가는 일에 비유할 수 있습니다. 하나의 기회를 잡으면 그 기회가 다른 기회로 연결됩니다. 기회라는 점들을 잇다 보면 하나의 큰 그림이 그려집니다.

기회를 잡는다는 것, 즉 점 하나를 찍는다는 것은 손을 놓고 있으면 불가능한 일입니다. 그 기회를 게으름 때문에, 혹은 방심 때문에, 혹은 불운 때문에 놓치면 그 뒤에는 전혀 다른 삶이 펼쳐질 수 있습니다. 모든 기회는 그 하나하나에 초점을 맞추면 처음이자 마지막입니다.

저는 워크숍이나 강연에서 나이가 지긋한 분들에게 "인생에서 후회되는 점은 무엇입니까?"라는 질문을 자주 합니다. 그러면 어김없이 "그때 좀더 열심히 했어야 했는데 그러지 못한 것이 후회됩니다"라는 답이 나옵니다. 기회의 상실을 아쉬워하는 것이지요.

누구든 자신의 삶에서 성취하고 싶은 것이 있을 것입니다. 그것을 손에 넣는 강력한 도구이자 수단이 근면함입니다. 이런 점에서 게으름이 낳는 첫 번째 폐해는 기회의 상실을 포함하는 큰 손해입니다.

사람에게는 물론 휴식도 필요합니다. 하지만 대부분의 시간은 특정한 목표를 갖고 그 목표에 의식을 조준하고 노력할 때 행복을 느낄 수 있습니다.

또다른 폐해는 게으름이 무료함으로 연결될 수 있는 점입니다. 무료함은 불행과 동의어로 봐도 무방합니다. 『탈무드』에는 이런 말이 나옵니다.

"사람은 게으름과 무료함 때문에 죽는다." —「랍비 나탄의 잠언」 11

시간을 지혜롭게 사용할 줄 몰라서 방황하는 사람들이 있습니다. 그런 이들의 삶은 행복과는 거리가 멀 것입니다. 사람은 누구나 행복한 인생을 살아가기를 소망합니다. 무료하게 살아가기를 원하는 사람은 없을 것입니다.

나아가 게으름과 무료함은 엉뚱한 행동이나 생각을 낳을 수 있습니다. 이런 위험에 대해 『탈무드』는 "게으름은 정신병과 방탕함을 낳는다"(「케수보스」 59b)라고 말합니다.

사람은 어딘가에 시간이나 에너지를 들여야 하는 존재입니다. 따라서 무료하다 보면 절박하게 출구를 찾게 됩니다. 그런 출구가 건전한 것이면 좋은데 그렇지 못한 경우가 많다는 게 안타까운 사실입니다.

실제로 게으름은 그 사람이 타고난 특성인 경우가 많습니다. 그러나 습관에 의해 게을러지는 경우도 많습니다. 게으름이 습관이 되지 않도록 해야 합니다. 일정한 규칙을 정해서 가능한 한 그것에 맞추어 부지런히 움직이도록 스스로를 독려할 필요가 있습니다.

우리가 맞는 매순간이나 하루하루는 새로운 것이며 동시에 마지막이기도 합니다. 처음이자 마지막인 매순간과 매일을 무덤덤하게 지루하게 따분하게 살아야 할까요? 그건 자기 삶에 대한 예의가 아닐 것입니다. 매순간, 매일을 근면하게, 재미있게 살아야 한다는 것은 선택 사항이 아니라 마땅히 그리 해야 하는 일입니다.

『탈무드』는 일에 관한 한 확실한 관점을 제공합니다. 일을 하지 않는다면 도대체 인간은 무엇을 해야 하는 존재인가, 즉 무엇을 하면서 시간을 보내야 하는 존재인가 묻습니다.

그 질문에 대한 『탈무드』의 답은 다음과 같습니다.

> "사람이 할 일이 없다면 무엇을 해야 하는가? 황폐한 뜰이나 들이 있다면 그리로 가서 열심히 일해야 한다." ―「랍비 노손의 잠언」 11:1

저는 "인간은 계속해서 무언가가 되어야 하는 존재이기도 하고 무언가가 되기 위해 노력해야 하는 존재이기도 하다"라고 답할 것입니다. 그것이 선택 사항이 될 수는 없습니다.

9

돈은 모든 저열함을 깨끗하게 씻어주는가?

> "돈은 야수(혼외자)조차 정당화해 준다'라고
> 랍비 조슈아 벤 레비가 말하였다.
> 돈은 혼외자 같은 야수들조차
> 하나님의 자녀가 될 수 있도록
> 만들어준다는 뜻이다."
>
> 「키두신」 71a

이스라엘의 작가 샤이 아그논(Shai Agnon)은 1912년에 발표한 첫 번째 단편소설 「굽어진 것은 바로 펴질 것이다(*And the Crooked Shall Be Made Straight*)」라는 작품에서 '메나셰'라는 남자의 슬픈 이야기를 다루고 있습니다.

재산을 모두 잃고 가난의 나락으로 떨어진 주인공 메나셰는 돈을 구하기 위해 가족을 두고 홀로 잠시 고향을 떠납니다. 그런데 고향을 떠난 사이 그가 세상을 떠났다고 잘못 알려졌고, 사랑했던 아내는 다른 남자와 결혼하여 아이를 갖습니다.

고향에 돌아와 이런 사실을 알게 된 메나셰는 두 가지 선택 앞에 서게 됩니다. 아내의 부정을 알리거나, 덮어두고 자신이 물러나는 것입니다.

아내의 부정을 알리면 아내는 부정한 여자라는 딱지를 달게 될 것이고, 아내가 낳은 아이는 '혼외자(mamzerim)'라는 신분 때문에 엄청난 불이익을 당할 것입니다.

메나셰는 사랑하는 아내의 행복을 위해, 아이가 혼외자의 계급으로 떨어지는 것을 막기 위해 물러나기로 결심합니다. 그리고 마을의 공동묘지에 거처를 정하고 홀로 구걸을 하여 먹고살다가 쓸쓸하게 죽습니다.

아시다시피 혼외자는 부정한 방법으로 다른 남자로부터 낳은 아이를 말합니다. 모세 오경(『구약성경』 중의 「창세기」 「출애굽기」 「레위기」 「민수기」 「신명기」)은 이를 엄격하게 금지하고 있습니다.

혼외자는 그 자신이 하나님의 자녀가 되지 못함은 물론이고 10대 후손까지 하나님의 자녀가 될 수 없다고 이야기할 정도입니다. 그뿐 아니라 혼외자들은 하나님의 자녀와 결혼하는 것까지 금지되었습니다.

이처럼 혼외자들은 유대 사회에서 사는 것은 허용되었지만 삼류 인생을 피할 길이 없었습니다. 하지만 이렇게 천하게 여겨졌던 혼외자조차 돈으로 신분을 세탁할 수 있었습니다. 당시에 이미 돈이 얼마나 대단한 힘을 갖고 있었는지를 말해 주는 이야기입니다.

예나 지금이나 권력인 돈

『탈무드』가 등장했던 시대와 오늘날은 많은 면에서 다릅니다. 그럼에도 변함없는 일들이 있습니다. 그중 하나가 돈을 가진 사람의 위세나 거들먹거림입니다.

우리는 '세상이 이러저러했으면 좋겠다'는 생각을 종종 합니다. 하지만 실제 세상이 돌아가는 이치는 그런 우리의 바람과 다르지요. 인간관계도 마찬가지입니다. '저 사람이 이러저러했으면 좋겠다'는 바람은 누구든 가질 수 있습니다. 하지만 실제로 다른 사람이 어떻게 행동할지에 대해 내가 통제할 수 있는 것은 거의 없습니다. 사람들은 모두 자기 방식대로 생각하고 행동하기 때문입니다.

'내가 인간 조련사다'라면서 아들뻘 되는 운전기사를 상습적으로 폭행했던 70대 후반의 간장 회사 회장을 기억할 것입니다. 이는 나이를 먹는다고 해서 성품까지 나아지지 않음을 보여주는 사례입니다.

이 사건을 접했을 때 이런 생각이 떠올랐습니다. '저 사람은 평생 돈과 자리를 위세로 아랫사람들을 얼마나 괴롭혔을까?'

그나마 위안이 되는 것은 세상이 많이 좋아졌다는 점입니다. 모바일 기기가 대중화되고 SNS가 발달하면서 부당한 행위가 보다 쉽게 세상에 알려지게 되었기 때문입니다. 기업은 부당한 행위가 알려지면 매출 감소나 평판 추락 같은 비용을 지불할 수밖에 없습니다.

돈을 가진 사람은 거래에서 갑의 위치에 서게 됩니다. 갑을 관계가 불편하기도 하고 부당하게 느껴지기도 하지만, 세상의 모든 관계를 거래로 이해하면 갑이 있고 을이 있게 마련입니다.

돈을 가진 사람들이 세상 많은 사람들의 바람처럼 신사적으로 행동한다면 얼마나 좋을까요? 하지만 갑의 위치에 있는 사람들이 무례하게 행동하는 경우가 적지 않습니다. 왜냐하면 돈은 일종의 권력이기 때문입니다.

권력의 속성 중에는 휘두르는 것이 있습니다. 권력을 갖고 있으면서도 마음대로 휘두르지 않고 절제할 수 있다면 정말 훌륭하겠지만, 모두에게 그런 훌륭함을 기대할 수 없지 않습니까?

실제로 큰돈을 번 후 갑자기 변한 사람을 만나는 일은 드물지 않습니다. '왜 저렇게 사람이 변해버렸을까?' 하는 의구심이 들 때면 『탈무드』의 지혜에 주목하기 바랍니다. 앞에 소개한 인용문을 통해 『탈무드』는 우리 사회에서 종종 문제가 되곤 하는 갑질의 이유를 짚어줍니다.

'돈은 야수조차 정당화해 준다'는 말에서 야수는 혼외자를 빗대어 말한 것이지만, 현대적으로 해석하면 안하무인격으로 함부로 행동하는 것을 지적하는 표현일 수 있습니다. 즉 이 말은 돈이 모든 행위를 정당화하는 경우가 많다는 불편한 진실을 드러내고 있습니다.

『탈무드』에는 다음과 같은 비슷한 의미의 말도 나옵니다. "돈은 모든 저열함을 깨끗하게 씻어준다."(「키두신」 71a) 물론 옳은 일은 아닙니다. 하지만 실제로 세상에서 자주 일어나는 일입니다.

부의 격차를 이용해서 함부로 행동하는 사람을 만나더라도 너무 마음 상하지 않기를 바랍니다. 사람에게는 그런 본능이 있음을 생각하면 이해할 수 있습니다. 물론 그런 행동이 절대로 옳은 건 아닙니다. 여러분이 그렇게 행동해도 된다는 말도 아니고요.

갑질에 능숙한 사람들은 돈의 많고 적음, 권력의 크고 작음에 따라 세상과 사람들을 판단합니다. 사람의 됨됨이나 학식, 인품 같은 것은 그들에게 세상을 평가하는 잣대가 되지 않습니다. 그런 것들을 잣대로 한다면 야수 같은 행동은 나올 수 없을 것입니다.

『탈무드』는 야수처럼 행동하는 사람들의 가치 판단의 기준도 예리하게 지적합니다. "현금은 최고의 중개인이다."(「바바 메치아」 63b) 돈으로 모든 일을 해결하려는 사람들의 생각을 잘 담은 말입니다.

큰돈을 가졌음에도 겸손한 사람은 정말 훌륭한 사람입니다. 휘두를 수 있는 힘이 있지만 자제하니 말입니다. 안하무인으로 행동하는 부자를 만나면 '저 사람이 돈에 기대어서 폼을 잡고 있구나' 정도로 이해하고 넘어가는 것이 현명합니다.

단, 여러분은 많은 돈을 갖게 되더라도 그런 사람들처럼 행동하지 않도록 늘 조심하세요. 돈이 일종의 권력이긴 해도 모든 저열함을 씻어주지는 못합니다.

포도밭으로 간 여우

옛날에 여우 한 마리가 사방이 울타리로 둘러쳐진 포도밭에 도착하였다. 여우는 울타리에 있는 작은 구멍을 통해 안으로 들어가려고 애썼지만, 구멍이 너무 작아 들어갈 수 없었다. 여우는 어떻게 했을까?

여우는 사흘 동안 아무것도 먹지 않고 살을 뺀 다음 구멍 사이로 비집고 들어갔다. 그리고 포도밭에 들어간 뒤에 배가 부를 때까지 포도를 마음껏 먹었다.

배불리 포도를 먹은 여우는 포도밭에서 나오려 했다. 그러나 배가 불러 구멍 사이로 빠져나올 수가 없었다. 여우는 할 수 없이 또다시 사흘을 단식한 다음 배가 홀쭉해지도록 살을 뺀 후 포도밭을 간신히 빠져나왔다.

여우는 밖에서 포도밭을 바라보며 이렇게 외쳤다.

"아, 포도밭이여! 포도밭에 있는 모든 것은 아름답고 훌륭해! 하지만 저기서 어떤 즐거움을 누릴 수 있겠어? 들어간 그대로 나와야 하는데!"

— 『전도서 주해서』 5:20

우리 모두는 빈손으로 이 땅에 온 것처럼 갈 때도 빈손으로 떠나야 합니다. 이 땅에서 아무리 화려한 업적을 쌓은 사람이라도 이 땅을 떠날 때는 아무것도 가지고 갈 수가 없습니다.

『탈무드』에 등장하는 위의 우화는 『성경』의 「전도서」에 나오는 다음의 말씀을 소개한 다음에 이어집니다. "그가 모태에서 벌거벗고 나왔은즉 그가 나온 대로 돌아가고 수고하여 얻은 것을 아무것도 자기 손에 가지고 가지 못하리니."(「전도서」 5:15)

✠ 눈에 보이는 것이 전부가 아니다

이 우화에서 '여우'가 상징하는 것은 인간입니다. '포도밭'이 상징하는 것은 인간이 이 세상에서 추구하는 귀한 것들, 즉 돈, 명성, 권력 등일 것입니다. 그리고 포도밭으로 들어갈 수 있는 '작은 구멍'은 성공의 어려움을 뜻할 것입니다. 삶에서 성공을 거둔다는 것은 작은 구멍을 통과하는 것처럼 힘들고 어려운 일이니까요.

어렵게 포도밭에 들어간 여우는 풍성하게 열린 포도를 게걸스럽게 먹습니다. 어떻게 시간이 가는지 모를 정도로 행복한 시간을 갖습니다. 그러나 시간이 가고 포도밭을 떠나야 할 때는 어떻습니까? 포도를 많이 먹어서 배가 뚱뚱해진 상태로는 떠날 수가 없습니다. 처음 들어왔을 때처럼 배를 홀쭉하게 만들어야만 나갈 수 있습니다.

세상사가 다 그렇습니다. 그래서 랍비 메이르는 이런 말을 했습니다. "사람은 손을 꽉 쥔 채 마치 '이 세상은 나의 것이야'라고 말하듯이 이 세상에 태어납니다. 그러나 떠날 때는 꽉 쥔 손을 펴고 '나는 아무것도 갖고 가지 않아'라고 말하는 것처럼 떠납니다."

유대인 현자들은 인간이 물질도, 명성도, 권력도 저세상으로 가지고 갈 수 없지만, 가져갈 수 있는 게 세 가지가 있다고 말합니다. 하나는 자신들이 공부했던 모세 오경이고, 다른 하나는 생전에 베풀었던 자선이며, 마지막 하나는 생전에 행했던 선한 행동입니다.

이 세 가지가 이 땅에 머물면서 누리던 가짜 과일이 아니라 떠날 때 가져갈 수 있는 진짜 과일이라고 말합니다. 그렇게 생각하는 이유는 무엇일까요? 유대인들은 모세 오경을 영혼의 음식으로 생각하고 자선을 영혼을 보관하는 의복으로 받아들이기 때문입니다.

『탈무드』의 현자들이 앞의 우화를 통해 전하고자 하는 교훈은 이 땅에서 권력이나 즐거움에 빠지더라도 나중에 남는 것은 허탈감이나 허무감이라는 것입니다.

『채근담』에도 비슷한 이야기가 등장합니다. "나무는 뿌리로 돌아가기에 이른 뒤에야 꽃과 가지와 잎이 헛된 영화임을 알게 되고, 사람은 관 뚜껑을 덮을 때가 이른 뒤에야 자손과 재물이 무익한 것임을 알게 되리

라."(『채근담』후편 77)

이 땅에 살면서 눈에 보이는 것들도 열심히 추구해야겠지만, 그것이 전부가 아니라는 사실을 잊지 말아야 합니다.

호암 이병철 회장은 임종을 앞두고 삶에 대한 근본적인 질문 스물네 가지를 어느 신부님에게 보냈다고 합니다.

첫째, 하나님의 존재를 어떻게 증명할 수 있나? 신은 왜 자신의 존재를 똑똑히 드러내 보이지 않는가? 둘째, 신은 우주만물의 창조주라는데, 그것을 무엇으로 증명할 수 있는가? 셋째, 생물학자들은 인간도 오랜 진화 과정의 산물이라고 하는데, 신의 인간 창조와 어떻게 다른가? 인간이나 생물도 진화의 산물 아닌가?

이 질문들을 비롯하여 스물네 가지 질문이 이어집니다. 그 질문들을 읽으면서, 사람은 물질적으로 만족하더라도 영적인 공허감으로부터 자유로울 수 없는 존재라는 생각을 했습니다. 인간은 세속적인 것을 열심히 추구하면서도 동시에 영적인 부분에 관심을 갖고 공부하고 생각을 정리하는 일이 필요합니다.

저는 이병철 회장의 질문들을 보면서 '어째서 임종 직전에야 이런 질문들과 만나게 되었을까?' 하는 안타까움이 들었습니다. 더 건강할 때, 더 젊었을 때 그런 질문들에 대해 나름의 답을 정리하는 것은 인생을 더 잘 살 수 있는 방법이자 더 깔끔하게 삶을 마감하는 방법이기 때문입니다.

✿ 『이솝 우화』와 『탈무드』

「포도밭으로 간 여우」와 비슷한 이야기가 『이솝 우화』에도 등장합니다. 『이솝 우화』에서는 포도밭을 빠져나오지 못하는 여우에게 동료 여우가 다가와서 전후 사정을 듣고 난 다음 해결책을 제시합니다.

그 해결책을 보면 『탈무드』가 제시하는 교훈과 『이솝 우화』가 제시하는 교훈이 서로 다르다는 것을 알 수 있습니다. 다시 말하면 서로의 도덕률에 차이가 있는 것이지요.

『이솝 우화』에서는 포도밭을 빠져나오지 못해서 끙끙거리는 여우에게 포도밭 밖에 있는 여우가 이렇게 조언합니다. "친구야, 포도밭에 들어갈 때와 마찬가지로 홀쭉해질 때까지 그냥 포도밭에 있는 게 좋아. 시간이 지나서 배가 홀쭉해지면 자연스럽게 빠져나올 수 있거든."

『이솝 우화』의 메시지는 어려움을 만나거든 너무 당황하거나 안달복달하지 말고 시간이 흐르기를 기다리라는 섯입니다. 시간이 모든 것을 해결해 줄 것이라는 얘기죠.

반면에 『탈무드』가 주는 메시지는 인간이 추구하는 세속적인 것들이 전부가 될 수 없음을 기억하라는 것입니다. 빈손으로 왔다가 빈손으로 간다는 사실을 잊지 않는 것만으로도 이 땅에서 살아가는 방법이 크게 달라질 것입니다.

2장

스스로
할 수 있는 만큼 힘을 다하라

"탁월함은
그것을 뒤쫓는 사람으로부터는 도망가지만
그것으로부터 멀어지려는 사람은 따른다."

「에루빈」 13b

1

지혜로운 사람은 언제 어디서나 배운다

"지혜로운 자란 어떤 자인가?
모든 사람들로부터 배우는 자이다.
어떤 자가 존경을 받는가?
다른 사람들을 존경하는 자가 존경을 받는다."

「피르케이 아보트」 4:1

'지혜로운 사람은 어떤 사람일까요?' 여러분이 이런 질문을 받는다면 어떻게 답하시겠습니까?

『탈무드』는 '모든 사람들로부터 배우는 자가 지혜로운 자'라고 이야기하고 있습니다. 저는 거기서 한 걸음 더 나아가 '사람뿐 아니라 이 세상 모든 것으로부터 늘 배우는 사람이 지혜로운 사람'이라고 답하고 싶습니다.

우리는 어떤 사람을 만나든 어떤 사물을 보든 배움을 얻을 수 있습니다. 언제 어디서든 배움을 얻을 수 있으면 좋은 것은 좋은 것대로, 나쁜 것은 나쁜 것대로 마음에 새기고 그것으로부터 유용한 교훈을 얻을 수 있습니다.

풋과일과 농익은 과일

세상에는 온갖 사물이 있고 생명체가 있습니다. 그 가운데 빛과 그림자가 가장 풍성한 존재가 인간이 아닐까요. 그런 만큼 사람을 만나는 일은 즐겁습니다. 젊은 사람이든 나이가 든 사람이든 누군가와 함께 대화를 나누는 일은 흥미로울 뿐 아니라 유익합니다. 많은 것을 느끼고 배울 수 있기 때문입니다.

군이 지혜로운 자가 되기 위해서가 아니라도 어떤 사람의 삶을 들여다보는 일은 그 자체로 담백한 즐거움이 있습니다. 더불어 그 사람으로부터 교훈이나 지혜를 얻을 수도 있습니다.

그래서 저는 평전이나 자서전, 인터뷰 읽는 것을 좋아합니다. 뿐만 아니라 강연이든 식사자리든 누군가를 만나면 그 사람이 잘 아는 것에 대해서 물어보고, 그의 이야기를 경청하고, 이를 글로 남기는 일을 즐깁니다.

얼마 전, 방송국에서 녹화를 들어가려던 찰나에 예전에 유명했던 권투 선수를 만났습니다. 그 짧은 만남에도 그에게서 뭔가 배우고 싶다는 생각이 들었습니다. 그래서 "살아오시면서 무엇이 가장 후회되십니까?"라고 질문했습니다.

그러자 그는 마치 준비라도 해 온 것처럼 "저축을 많이 하지 않았던 것이 후회됩니다"라고 말하였습니다. 그리고 지금처럼 권투가 침체된 시기에 원로로서 권투의 부활을 위해서 사용할 수 있는 재원을 갖고 있었다면 하는 아쉬움이 남는다고 덧붙였습니다.

짧은 시간에 한 가지 질문을 던진 경우지만 오랫동안 여운이 남는 답을 얻을 수 있었습니다.

사람에게서 배움을 얻는다고 할 때 자신보다 나이가 많고 경험이 많은 사람에게서만 배울 수 있는 건 아닙니다. 『탈무드』는 젊은 사람으로부터 배우는 것과 나이든 사람으로부터 배우는 것의 의미에 대해 이렇게 말하고 있습니다.

"젊은이로부터 배우는 것은 덜 익은 과일을 먹고 새 와인을 마시는 일이다. 그리고 노인에게 배우는 것은 잘 익은 과일을 먹고 오래된 와인을 마시는 일이다." ―「피르케이 아보트」 4:28

조금 덜 익은 풋과일이나 잘 익은 과일, 새 와인이나 오래된 와인은 모두 나름의 맛을 갖고 있지요.

오늘날처럼 기술의 변화 속도가 빠른 시대에는 중년이나 장년은 새로운 기술을 배우기가 쉽지 않습니다. 예컨대 모바일 기기를 다루거나 관련 소프트웨어를 선택하고 다루는 일은 나이가 든 사람에게는 쉬운 일이 아닙니다.

그나마 배우려는 마음을 가진 사람들은 나은 편입니다. 대부분은 '이

나이에 뭘 그런 걸 배워?'라고 하며 포기하기 쉽습니다. 이렇게 한 가지, 두 가지 멀리하다 보면 나이가 들어가면서 점점 세상의 변화에 대한 감각을 잃게 됩니다.

한편 세상에는 젊은이들이 도저히 알 수 없는 또다른 차원의 지혜가 있습니다. 직접 경험하거나 살아보지 않고서는 도저히 배울 수 없는 지혜입니다. 그래서 '노인은 살아 있는 도서관'이라는 말도 있습니다. 제가 평전이나 심층 인터뷰를 즐겨 읽는 이유도 여기 있습니다. 직접 살아본 사람들의 이야기 속에는 값진 지혜가 들어 있기 때문입니다.

제가 개인적으로 사람들에게서 배우기 위해 자주 사용하는 방법 중 하나가 SNS를 활용하는 것입니다. 저는 페이스북을 재미있게 이용하는 편입니다. 그런데 가끔 제가 올린 글에 강한 비난을 퍼붓는 글을 만날 때가 있습니다.

그때 저는 같이 화를 내기보다는 '이 사람은 왜 이렇게 생각하는 것일까?'라는 의문을 갖습니다. 그래서 그 사람의 페이스북을 방문합니다. 그리고 타임라인을 따라 글을 읽어가다 보면 그 사람의 세계관, 인생관, 경제관, 직업관 등을 이해할 수 있고, 소소한 이야기를 통해 성장 배경까지도 파악할 수 있습니다.

그런 글들을 조합해 보면 자연스럽게 '아, 이 사람은 이렇게 살아왔고 이렇게 생각하기 때문에 이런 반대 의견을 내놓는구나' 하는 결론을 얻게 됩니다. 때로 그 사람의 주장을 주제로 삼아 글을 올리기도 합니다. 이는 내 의견에 강하게 반대하는 사람으로부터 배움을 얻을 수 있는 좋은 방법이라고 생각합니다.

세상 모든 것에는 배움이 있다

사람 외에도 우리는 이 세상 모든 것에서 배움을 얻을 수 있습니다. 자신이 시선을 두는 모든 곳을 배움의 원천으로 만들 수 있습니다.

『탈무드』 역시 토라로부터 많은 걸 배울 수 있다고 말하지만 결코 토라만이 배움의 원천이라고 이야기하지는 않습니다. "토라가 없었다면 우리는 고양이로부터 단정함을, 개미로부터 성실한 노력을, 비둘기로부터 순결을, 수탉으로부터 용감함을 배웠을 것이다. (……) 고양이는 사람이 있는 곳에서 배변을 하지 않으며, 배설물은 보이지 않게 숨긴다. 개미는 겨울을 나는 데 필요한 것을 여름에 비축하며, 동료의 식량을 훔치지 않는다."(「에루빈」 100b)

이처럼 『탈무드』는 동물도 배움의 원천으로 삼을 수 있다고 말합니다. 언제나 깔끔하고 고고하게 행동하는 고양이로부터 단정하고 고상한 자세를 배울 수 있고, 쉴 새 없이 움직이는 개미로부터 근면의 교훈을 얻을 수 있습니다. 비둘기로부터는 순결을, 그리고 수탉으로부터는 용감성을 배울 수 있습니다.

『탈무드』는 그 외에도 배움과 관련한 교훈을 다양하게 전하고 있습니다.

"배우지 않는 사람은 생명을 잃게 된다." —「피르케이 아보트」 1:13

"배우려는 의지로 자신의 무지를 드러내어 스스로를 낮추는 사람은 궁

극적으로는 높아질 것이다." —「베라코트」63b

"토라는 자신을 아무것도 아닌 존재라고 여기는 사람들 곁에만 함께한다."
—「소타」21b

배움이 생활화되어 있는 사람은 예리한 관찰력을 갖고 있고 감탄사를 연발합니다. 그리고 지속적인 성장에 대한 갈증을 갖고 있습니다. 관찰력, 감탄, 성장에 대한 갈증 이 세 가지가 어우러지면 사람은 어디서든 배울 수 있습니다.

유대인 현자들은 배움에 있어서 유의해야 할 점을 또 하나 강조합니다. 특히 신플라톤주의자인 솔로몬 이븐 가비롤(Solomon Ibn Gabirol)은 절대로 배움에 중단이 있어서는 안 된다고 경고합니다. "인간은 지혜를 추구하는 동안만 현명한 사람이다. 자신이 지혜를 얻었다고 상상하는 순간 그는 바보가 된다."

한때 잘나가던 사람들이 성공에 취한 나머지 몰락하는 이유를 생각하게 하는 말입니다. 잘나가면 취하게 되고, 취하면 배움을 멈추고, 배움을 멈추면 잘나가던 시절의 방법을 반복하게 되고, 결국 잘못된 방법이 몰락을 재촉하게 됩니다.

동원그룹을 일구어낸 원양어선 선장 출신의 김재철 회장은 배움을 멈출 때 어떤 일이 벌어지는지에 대해 인생살이에서 얻은 귀한 경험담을 들려줍니다. 제가 쓴 김재철 회장 평전에서 그는 다음과 같이 말합니다.

"크게 성공한 사람이 크게 망하는 법이다. 거기서 항상 독단이 나오고, 내가 이렇게 해서 성공했으니까 내 말을 따르라, 이렇게 옛날 방법을 고집해서 대개 망하게 마련이다. 시대가 바뀌고 사람이 바뀌면 결정하는 방식도 바뀌어야 한다."

지혜를 추구하는 일에서 완전한 성취란 있을 수 없습니다. 늘 지혜를 추구하는 여행자의 마음을 가져야 합니다. 이런 자세를 갖고 살아가면 자신을 성장시키는 데에도 유익하지만, 그 전에 하루하루의 삶이 유쾌해집니다. 무엇에서든 배우려는 자세를 지닌 사람은 주변의 모든 것들이 신기하고, 새롭고, 감사하게 다가오기 때문입니다.

언제 어디서든 배움을 얻겠다는 자세를 지니면 항상 즐겁게 살아갈 수 있습니다. 늘 새로운 발견을 할 수 있고, 언제나 새로운 의미와 교훈을 얻을 수 있기 때문입니다. 다른 사람들 눈에는 별 다를 게 없어 보이는 것도 배우려는 사람에게는 새롭게 보입니다.

세상 모든 것에서 배우는 자세를 유지하는 한 인간은 계속해서 성장할 수 있고, 겸손함을 잃지 않을 수 있고, 경험의 폭과 깊이를 확장해나갈 수 있습니다. 즉 지혜로운 사람이 될 수 있습니다.

자신의 행동을 미리 예측하라

"하나님이 그들에게 말씀하셨다.
'지혜로운 자는 어떤 자인가?
장차 일어날 일을 알아차릴 수 있는 자이다.
자신의 행동의 결과를 예측할 수 있는 자이다.'
하나님이 그들에게 또 말씀하셨다.
'용감한 자란 어떤 자인가?
자신의 나쁜 열정을 억누를 수 있는 자이다.'"

「타미드」 32a

모든 일의 결과를 정확하게 예측하는 것은 불가능할 것입니다. 하지만 가능한 한 노력할 필요는 있습니다. 생활인으로서의 삶이나 직업인으로서의 삶은 모두 예측 가능성을 얼마나 높이느냐에 따라 성공 여부가 결정됩니다.

『탈무드』 역시 자신의 행동이 낳을 결과를 제대로 예측한 다음 행동하는 사람이 지혜로운 사람이라고 말합니다.

'예측한다'는 것은 정말 중요합니다. 우리가 삶에서 거두는 성과는 대부분 예측 결과에 좌우되기 때문입니다.

2003년에 한게임재팬주식회사(현재 라인주식회사)를 맡아서 크게 성공시킨 CEO 모리카와 아키라는 그의 저서 『심플을 생각한다』에서 "한 기업에 가장 중요한 것은 무엇일까?"라는 질문을 던집니다. 이익, 직원들의 행복, 전략, 브랜드, 고객 충성도, 비즈니스 모델 등 여러 가지가 답으로 나올 수 있겠지요. 하지만 모리카와의 대답은 간단합니다.

"대박 상품을 계속 만드는 것, 이것밖에 없다. 대박 상품을 계속 만드는 회사가 성장하고, 대박 상품을 더는 만들지 못하는 회사가 망한다. 동서고금을 막론하고 이 심플한 법칙이 비즈니스 세계를 지배하고 있다."

모리카와 아키라의 대답에 대해 추가적으로 이런 질문을 던질 수 있습니다. "대박 상품을 만드는 비결이 무엇입니까?"

이 질문에 대한 답도 단순 명료합니다. 고객의 욕구와 불편을 잘 이해하고 예측할 수 있어야 합니다. 그리고 대박 상품을 만드는 데 방해가 되는 요소들을 차근차근 제거해 나가면 됩니다.

어떤 업계든 어떤 업종이든 성공의 비결은 한 가지로 모아집니다. 고객의 반응이나 태도를 예측하는 능력입니다. 이런 점에서 『탈무드』의 지혜는 삶의 핵심을 꿰뚫는 진리입니다.

회사 생활도 그렇습니다. 우리가 회사에서 하는 일의 많은 부분이 타인을 설득하는 일입니다. 자신이 만든 기획서로 사람들을 어떻게 설득할 것인지가 성공의 핵심입니다. 여러분이 상사를 설득한다고 해봅시다.

내가 이런 제안을 했을 때 상사가 어떤 생각을 할까, 어떻게 반응할까를 예측하는 일이 성패를 좌우할 것입니다.

세상의 모든 일이 마찬가지입니다. 강연을 자주 하는 저도 강연장에서 청중의 욕구와 반응을 예측하는 일이 강연 성공의 핵심임을 늘 확인합니다.

예측하는 일의 어려움

저는 개인의 부침에도 흥미가 있지만 기업의 부침에도 관심이 있습니다. 기업의 부침은 곧 개인의 부침에서 비롯되기 때문입니다.

수십 년간 업계에서 괄목할 만한 성과를 올린 사업가들도 앞으로의 경제 상황을 제대로 예측하지 못해서 낭패를 겪는 사례를 자주 목격할 수 있습니다.

지나치게 많은 빚을 내서 비싼 값에 기업을 인수했는데, 예측과 달리 극심한 불황이 닥치면서 천문학적인 빚 때문에 고난의 길로 가는 기업을 보면 마음이 아픕니다. 그들 또한 잘못된 예측을 하고 싶었던 것은 결코 아니기 때문입니다.

경기가 한참 좋을 때 비싸게 매입한 기업 때문에 훗날 어려움을 겪는 기업에 대한 기사를 읽을 때면 어김없이 다음과 같은 생각이 떠오릅니다. '세상의 일이라는 것이 어찌나 쉽게 부서지는지! 최선을 다한다고 했지만 자신이 내린 의사결정이 어떤 결과를 낳을지를 정확하게 예

측하지 못한 비용은 너무나 크구나!'

그렇다고 의사결정을 내리는 사람들이 업무를 태만히 하지는 않았을 것입니다. 누구든 의사결정을 내릴 때는 최선을 다해서 미래를 예측하고 결정을 내립니다. 다만 의사결정을 내린 후에 여러 가지 예상하지 못한 변화들이 일어나는 것이지요. 사람이 통제할 수 없는 변수들이 불운을 가져오는 것입니다.

우리가 반석처럼 튼튼하다고 믿는 것들의 기반을 자세히 살펴보면 취약하기 짝이 없는 것들이 많습니다. 모든 것은 끊임없이 변하기 때문입니다. 우리는 항상 변화 속에 있기 때문에 의사결정을 내리는 일은 마치 빠르게 달리는 말을 타고 가면서 과녁을 조준하는 일처럼 어렵습니다.

지금까지는 백발백중의 의사결정을 내렸다 하더라도 지금부터 내리는 의사결정이 반드시 옳은 결정이라고 누가 확신할 수 있을까요. 삶이든 사업이든 구조적으로, 본질적으로 위태로울 수밖에 없습니다. 더욱이 인간이 지상에 쌓아올린 것들 중 어느 하나 쉽게 스러지지 않는 게 어디 있나요?

그렇다면 예측을 잘할 수 있는 방법이 있을까요?

무엇보다 중요한 것은 과도한 욕망이 눈을 가리지 않도록 주의하는 일입니다. 지나친 욕심에 눈이 가려지면 어떤 것도 제대로 눈에 들어오지 않을 위험이 있기 때문입니다. 핵심을 꿰뚫어보기 위해서는 가능한 한 사심이 눈을 가리지 않도록 주의해야 합니다.

두 번째로는 가설을 검증해 보는 습관을 들이라고 제안하고 싶습니다. 무슨 일이든 '~하면 ~할 것이다'라는 가설을 자주 세워보는 것입니다. 그런 능력이 예측하는 능력을 키워줄 수 있을 것입니다.

인생사의 대부분은 가설을 얼마나 잘 세우는지, 이를 얼마나 잘 검증하는지, 이를 자신의 일을 개선하고 혁신하는 데 얼마나 잘 활용하는지에 달려 있습니다. 무엇보다도 가설을 세워서 하나하나 검증해 가는 일은 흥미진진한 재미를 줍니다.

여기에 한 가지를 더한다면 다양한 집단에 속한 사람들의 의견을 들어보는 일입니다. 반대하는 사람, 찬성하는 사람, 중간적 입장을 보이는 사람 등의 의견을 골고루 들어본다면 아집이나 독선이 낳을 수 있는 폐해를 상당 부분 줄일 수 있을 것입니다.

3

현명한 사람은
학문을 통한 지혜를 삶에 적용한다

"현명한 사람에게는 일곱 가지 특징이 있다.
첫째, 자기보다 더 현명한 사람 앞에서 이야기하지 않는다.
둘째, 동료의 말을 가로막지 않는다.
셋째, 성급하게 답하지 않는다.
넷째, 주제에 맞게 질문하고 간결하게 답한다.
다섯째, 두서를 가려서 말한다.
여섯째, 제대로 듣지 못한 것은 이해하지 못했다고 말한다.
일곱째, 진실을 인정한다."

「피르케이 아보트」 5:10

유대인들은 지혜를 삶에 적용하지 않으면 세상이 산산조각 날 것으로 믿었던 사람들입니다. 그들이 지혜에 대해 갖고 있던 생각을 엿볼 수 있는 한 가지 이야기가 전해 내려옵니다.

고대 로마의 하드리아누스 황제는 유대인들을 유난히 싫어했습니다. 그는 로마의 속국이었던 유대 왕국의 이름을 '시리아 - 팔레스티나'로 바꾸고 유대인들을 모두 축출해 버립니다.

그가 유대인들을 계속해서 박해하자 이스라엘 중부의 도시 리다(Lydda)에 모여 살던 현자들은 이 문제를 극복할 방안을 찾기 위해서 한자리에 모였습니다.

첫 번째 토론 주제는 '학문과 실천 중에서 어느 것이 더 중요한가'였습니다. 치열한 논쟁 후 그들이 내린 결론은 '학문에서 실천으로 나아가는 것이므로 학문을 먼저 이루어야 한다'였습니다. 이런 주장을 이끌었던 사람이 랍비 아키바로, 그의 이 의견이 만장일치로 채택되었습니다.

이런 사실은 유대 사회를 이해하는 데 매우 중요합니다. 유대인들은 학문을 통한 지혜의 추구와 그 지혜를 공동체를 위해서 사용하는 것에 동등한 가치가 있다고 공식적으로 선포했던 것입니다.

앞에 소개한 인용문은 『탈무드』가 추상적이고 관념적인 것을 다룰 뿐만 아니라 어떻게 살아가야 하는지에 대한 구체적인 길잡이 역할도 함을 보여줍니다.

하나님이 이스라엘 민족에게 가르치는 율법(토라, 모세 율법, 모세 오경)은 모두 613개 조항이 있습니다. 이 가운데 '~하라'라는 긍정적 조항이 248개, '~하지 마라'라는 부정적 조항이 365개입니다. 하나님의 율법을 지키기 위한 수많은 구전법과 판례법으로 이루어진 『미시나』도 기원후 2세기 무렵에 이미 정리되었습니다.

여기서 왜 유대인들이 그토록 율법을 중요하게 여기고 공부에 심혈을 쏟을까 하는 궁금증이 생길 것입니다. 유대인들은 현세에서 인간의 상황을 개선할 수 있는 최선의 길, 즉 유대인들이 온갖 박해 속에서도 선도적인 지위를 유지할 수 있는 길은 율법 지식을 확산하는 것이라고 굳게 믿었습니다. 그들에게 율법은 이성과 진보를 뜻하기 때문입니다.

중세 시대의 중요한 유대 철학자 마이모니데스(Maimonides)의 주장을 폴 존슨은 『유대인의 역사』에서 이렇게 소개했습니다.

"이성과 율법은 유대인들이 지니고 있던 유일하고도 실재적인 방어 시설이며, 세상을 보다 더 문명화된 곳으로 만들 수 있는 유일한 수단이다."

『탈무드』에서 말하는 '현명하지 못한 사람'

앞의 인용문에서 말한 현명한 사람의 일곱 가지 특징과 정반대되는 것이 현명하지 못한 사람의 특징입니다. 여기서 『탈무드』가 제시하는 '현명하지 못한 사람의 일곱 가지 특징'을 현대적 의미로 재해석해 보겠습니다.

첫째, 교양 없는 자는 누구 앞에서든 자기 말을 하기에 바쁩니다. 말을 하는 것은 이미 알고 있는 것을 전하는 일이고, 듣는 것은 자신의 부족함을 채우는 일입니다. 현명한 사람은 자신보다 우월한 사람의 존재를 인정하고 그로부터 배우기 위해 묻고 듣는 일을 즐깁니다.

반면에 현명하지 못한 사람은 지혜를 가진 사람 자체를 인정하지 않습니다. 따라서 그들에게는 남의 이야기를 들어야 할 이유가 없습니다. 자신의 얕은 지식을 자랑하기 위해 계속해서 자기 말을 하는 것이 중요할 뿐입니다.

둘째, 현명하지 못한 사람은 동료에게 말할 기회를 주지 않습니다. 그들은 상대방의 말을 끊고 자기 이야기를 늘어놓는 일이 습관이 되어 있습니다. 남의 말을 끊는 것은 일단 무례한 행동입니다. 또한 상대방의 이야기를 경청하지 않고 있다는 증거이기도 합니다. 현명한 사람은 상대방에게 충분히 이야기할 기회를 주고 그 이야기를 경청합니다. 그러고 나서 자신의 이야기를 합니다.

셋째, 현명하지 못한 사람은 성급하게 답합니다. 말실수는 대부분 성급함으로 인해 일어납니다. 현명한 사람은 자신의 말이 미칠 수 있는 파급효과를 헤아려봅니다. 일단 입 밖으로 나간 말은 절대로 주워 담을 수 없습니다. 특히 상대방의 말에 동의하지 않을 때는 감정적으로 반응할 수 있습니다. 그런 때일수록 감정적이고 성급하게 반응하지 않도록 주의해야 합니다.

『당신의 입을 다스려라(Managing Your Mouth)』의 저자인 로버트 제누아(Robert Genua)는 성급한 말에 대해 이렇게 말합니다. "말을 하기 전까진 아무 일도 일어나지 않는다. 모든 것이 우리의 입에서 나오는 말에 달려 있다. 우리가 인생에서 바라는 모든 것이 우리가 무슨 말을 어떻게 하느냐에 달려 있는 것이다."

미국의 시인 헨리 워즈워드 롱펠로는 "우리가 내뱉는 말은 상대방의 가슴속에 수십 년 동안 화살처럼 꽂혀 있다"라고 말하기도 했습니다. 별 생각 없이 성급하게 말하는 습관이 있다면 버리도록 노력해야 합니다.

넷째, 현명하지 못한 사람은 주제와 관련 없는 엉뚱한 이야기나 질문을 자주 합니다. 대답 역시 요점이 드러나지 않고 장황합니다. 이야기를 나누다 보면 횡설수설하는 사람들이 있습니다. 주제와 무관하거나 초점에서 벗어난 질문으로 논점을 흐리기도 합니다.

그런 사람들은 동시에 상대방의 질문에 대해서도 초점을 벗어난 대답을 하기 쉽습니다. 이런 사람들은 사고가 제대로 조직화되어 있지 않을 가능성이 높습니다.

다섯째, 현명하지 못한 사람은 두서없이 장황하게 말합니다. 대화를 할 때 핵심을 정확하게 짚으며 논리적으로 이야기하는 사람들이 있습니다. 평소에 생각이 잘 정리되어 있는 사람들입니다. 인터뷰를 해봐도 어떤 질문에 대해 첫째, 둘째, 셋째 등의 순서로 원인이나 대처 방안을 정리해서 제시하는 사람들이 있습니다.

이런 사람들은 하는 일이나 삶 전체가 체계적이기 때문에 사용하는 말과 글도 체계적입니다. 조리 있게 말을 하거나 글을 쓰는 건 사고가 잘 조직화되어 있다는 뜻입니다. 즉 말과 글은 사고를 체계화하는 데 영향을 미칩니다. 말과 글을 논리적으로 하면 사고도 논리적이 됩니다.

여섯째, 현명하지 못한 사람은 들리는 것에 따라 말합니다. 듣는다고 해서 다 제대로 듣는 게 아닙니다. 똑같이 귀를 열고 있지만 상대방의 이야기를 주의 깊게 듣는 사람이 있고 자기 생각대로 듣는 사람이 있습니다. '경청한다'는 것은 듣고 싶은 대로 듣는 것이 아니라 상대방이 이야기하는 대로 듣는 것입니다.

현명한 사람은 모호하게 느껴지는 이야기가 있으면 '그것은 이런 뜻입니까?'라고 확인합니다. 그렇게 하면 오해 없이 소통이 이루어질 수 있을 뿐 아니라 상대방에게 신뢰를 주는 일이기도 합니다. 상대방은 '이 사람이 내 이야기를 주의 깊게 듣고 있구나' 하고 느낄 것이기 때문입니다.

일곱째, 현명하지 못한 사람은 주장(의견)과 진실을 구분하지 못합니다. 그래서 자신의 의견이나 주장을 진실과 구분하지 못하는 실수를 자주 범합니다. 자신의 오류를 인정하지 않고, 진실을 받아들이지 않습니다. 인과관계가 명확하지 않은 주장이나 의견, 소문을 진리로 받아들이기도 합니다.

세상에는 상황이나 장소나 시점에 관계없이 진실로 통하는 진리가 있습니다. 그러나 현명하지 못한 사람은 거짓을 진실이라고 우기는 경우가 많습니다.

논리적인 사고는 결과의 원인을 찾도록 도와줍니다. 그러나 현명하지 못한 사람은 원인과 결과의 상호관계는 무시한 채 믿고 싶고 보고 싶은 것을 진실이라고 주장하는 데 익숙합니다.

4

진리 위에 세운 삶은 귀하다

"세상은 세 가지 바탕 위에 서 있다.
하나는 진리이고, 다른 하나는 판단이며, 마지막은 평화이다.
『성경』에는 이렇게 기록되어 있다.
'서로에게 진실을 말하라.
올바른 판단을 하라. 그리고 화평하라.'(「스가랴」 8:16)"

「피르케이 아보트」 1:18

'Veritas Lux Mea(진리는 나의 빛).' 서울대학교의 모
토입니다. 고등학교 때 처음 알게 된 이 모토는 인상적이어서 아직도 기
억에 남아 있습니다. 이것이 '진리'라는 말과 저와의 의미심장한 첫 만
남이 아닐까 생각합니다.

'진리(veritas)'라는 단어는 세계의 많은 대학들이 모토로 사용하고
있습니다. 하버드대학교의 모토는 'Veritas(진리)'이고, 예일대학교의 모
토는 'Lux et Veritas(빛과 진리)'입니다.

존재물의 진리와 존재의 진리

그렇다면 진리는 과연 무엇을 가리키는 것일까요? 현대 문명의 기원이 되는 서양 문명은 크게 두 개의 기둥 위에 서 있습니다. 하나는 그리스 전통이고 다른 하나는 유대 전통입니다.

두 가지 전통이 말하는 진리에는 차이가 있습니다. 이를 구분해서 알아둘 필요가 있습니다. 그리스 전통이 강조하는 진리는 사실에 관한 진리, 즉 과학적 진리이며, 유대 전통이 말하는 진리는 삶에 관한 진리, 즉 기독교적 진리입니다.

동양 문화권에서 성장한 사람들 중 『성경』에 대한 지식이나 믿음이 없는 사람들에게 진리란 곧 과학적 진리일 것입니다. 과학적 진리를 제대로 표현한 사람은 아리스토텔레스입니다. 그는 진리를 '사실을 사실대로 말하는 것'이라고 했고, 저서 『형이상학』에서 진리를 다음과 같이 설명하고 있습니다.

"있는 것을 있지 않다고 말하거나 있지 않은 것을 있다고 말하는 것이 거짓이요, 있는 것을 있다고 하거나 있지 않은 것을 있지 않다고 말하는 것이 참이다."

근래에 우리 사회에는 사실이 아닌데도, 인과관계가 맞지 않는데도 진리라고 목소리를 높이는 사람들이 많습니다. 자신을 자유롭게 표현하는 것이 권장되는 시대에 그 부작용으로 자신이 보고 싶고, 믿고 싶고, 듣고 싶은 것을 진리라고 우기는 사람들이 부쩍 늘어서 걱정스러울 때가 있습니다.

무언가를 진실이라고 주장하기 전에 일단 그것이 '팩트인지 아닌지, 인과관계를 충족시키는지 그렇지 못한지'를 확인할 필요가 있습니다.

한편, 과학적 진리보다 훨씬 근원적인 진리, 즉 삶과 관련한 진리를 다루는 것이 기독교적 진리입니다. 유대교를 믿는 사람들에게 진리의 원천은 『구약성경(히브리성경)』이며, 기독교를 믿는 사람들에게 진리의 원천은 『신구약성경』입니다. 그들은 거기에 하나님의 말씀이 기록되어 있으며, 그것이야말로 진리라고 말합니다.

작가 김용규는 『데칼로그』라는 저서에서 기독교적 진리에 흥미로운 설명을 더합니다. "기독교적 진리는 언제나 인간의 행위, 태도, 삶과 관계되어 있기 때문에 일상용어로는 흔히 진실이라고 부르기도 하지요. 진실이란 밖으로 드러난 것 자체가 아니라 밖으로 드러난 것을 드러나게 하는 그 어떤 것입니다."

그는 여기서 한 걸음 더 나아가 그리스 전통과 유대 전통의 진리를 구분해서 이런 설명을 더합니다. "일반인들이 진리라고 일컫는 그리스 전통의 진리는 '존재물의 진리'이고, 기독교인이 진리로 믿는 히브리 전통의 진리는 '존재의 진리'입니다." 여기서 존재물은 인간과 같은 피조물을 말하며, 존재는 하나님과 같은 신을 말합니다.

그렇다면 서울대학교를 비롯한 명문 대학들의 모토에 담긴 진리는 무엇을 말하는 것일까요? 라틴어로 진리 혹은 진실을 뜻하는 '베리타스(veritas, 영어의 veracity(진실성)의 어원)'에는 히브리 전통의 진리가 포함되어 있습니다. 그러던 것이 현대에 오면서 과학의 발달과 더불어 그리스 전통의 진리가 더 큰 비중을 차지하게 되었습니다.

현대의 대학교들이 사용하는 '진리'라는 용어에는 '그리스 전통의 진리'가 압도적 비중을 차지하고 있을 것입니다.

유대인들에게 진리는 하나님으로부터 나온다

현대에 와서는 유대교나 기독교를 믿는 사람들에게도 진리는 과학적 진리와 기독교적 진리가 모두 포함된 진리일 것입니다. 다만 그들의 삶을 지탱하는 진리는 『성경』적 진리일 것입니다. 그들은 이를 '하나님의 진리(God's Truth)'라고 부르고 그에 대응하는 진리를 '인간의 진리(Human Truth)'라고 부릅니다.

따라서 굳이 진리를 주(主)와 종(從)으로 구분하면 유대인들에게 주에 해당하는 진리는 하나님의 진리일 것입니다. 그 근거를 『탈무드』의 여러 곳에서 찾을 수 있습니다. 그중 하나가 다음과 같은 말입니다. "하나님의 인감도장이 확정해 주신 것이 진리이다."(「샤바트」 55a)

히브리어로 진리, 진실을 뜻하는 단어는 '에메트(Emeth)'인데, 이는 세 단어의 머리글자를 모아서 만들어진 것이라고 합니다. 하나님을 뜻하는 엘로힘(Elohim)과 왕을 뜻하는 멜렉(Melek), 그리고 영원을 뜻하는 타미드(Tamid)의 첫 글자를 따서 조합한 단어입니다.

어원에 바탕을 두고 보면 진리는 '하나님은 영원한 왕이시다'라는 뜻입니다. 따라서 그들에게 진리는 하나님에게 속한 것이며 하나님으로부터 나오는 것을 뜻합니다.

그들의 진리를 잘 표현한 『성경』 구절로 「시편」 119편 160절의 "주의 말씀의 강령은 진리이오니 주의 의로운 모든 규례가 영원하리이다"를 들 수 있습니다. 유대인들에게 진리는 하나님과 그의 영원히 변하지 않는 말씀이라고 할 수 있겠지요.

그렇다면 유대인들이 믿는 '하나님의 진리'는 과연 무엇일까요? 중세 시대의 유대 철학자 마이모니데스는 유대교 신앙의 근본을 '유대교의 열세 가지 근본 원리'라는 이름으로 정리한 바 있습니다. 유대인들의 '하나님의 진리'는 다음의 열세 가지에 대한 믿음으로 구성되어 있다고 볼 수 있습니다.

창조주 하나님의 존재, 하나님의 유일성, 하나님의 영성과 무형성, 하나님의 영원성, 하나님만이 유일한 경배의 대상임, 인간은 선지자들을 통하여 하나님과 대화할 수 있음, 선지자들 가운데 모세의 탁월함, 모세 오경은 하나님에 의해 모세가 받아쓰게 된 것임, 모세에 의해 주어진 모세 오경의 일획 일점도 더해지거나 제거되거나 대체될 수 없음, 하나님은 인간의 모든 행동과 생각을 인지하심, 선한 행위에 대해서는 상이 악한 행위에 대해서는 벌이 하나님에 의해 주어짐, 메시아가 나타날 것임, 죽은 자의 부활 등 열세 가지에 대한 믿음입니다.

유대인이 아닌 우리는 진리를 어떻게 이해하고 받아들여야 할까요? 우선 과학적 진리는 사실인지, 인과관계에 맞는지 등의 기준으로 판별할 수 있습니다. 따라서 진리라고 믿고 싶어도 사실인지 아닌지를 엄격하게 따져보는 자세가 필요합니다.

아울러 내가 가진 지식을 넘어서 무언가가 더 있으리라는 데 대해 열린 마음을 가져야 합니다. 두 눈으로 볼 수 있고 확인할 수 있는 것이 진리의 전부가 아니며 그 너머에 또다른 세계가 있음을 받아들일 수 있는 겸허함을 지녀야 합니다.

5

자신을 낮출 때만 탁월해질 수 있다

"하나님은 자신을 낮추는 사람은 높이시고,
잘난 체하는 사람은 낮추신다.
탁월함은
그것을 뒤쫓는 사람으로부터는 도망가지만,
그것으로부터 멀어지려는 사람은 따른다."

「에루빈」 13b

힐렐(Hillel)과 샤마이(Shammai)는 기원전 1세기부터 기원후 1세기까지 유대교의 교리 해석을 주도하였던 양대 학파를 대표하는 인물입니다.

흔히 힐렐 학파(House of Hillel, Beit Hillel)와 샤마이 학파(House of Shammai, Beit Shammai)라 불리는 이 두 학파는 종교 의식과 유대 신학 등의 많은 부분에서 엇갈린 의견을 보이며 치열한 논쟁을 벌였습니다. 그리하여 『탈무드』와 '유대이즘(유대교의 제의적인 측면과 유대인의 삶의 방식 또는 문화를 포괄하는 개념)'의 형성에 중요한 기여를 하였습니다.

두 학파는 생각이 너무 달라서 하나의 토라가 둘로 갈라질 위험에 이를 정도였습니다. 두 학파 중 샤마이 학파가 율법 준수에 더 엄격한 편이었습니다.

한번은 유대인들의 중요한 명절인 초막절(草幕節, 수코트, Sukkoth)을 어떻게 지킬 것인가를 두고 두 학파가 맞붙었습니다. 초막절은 출애굽 후 40년의 방랑 생활 동안 지켜주신 하나님의 은혜를 기리기 위해 히브리 종교력으로 7월 15일부터 일주일 동안 초막을 짓고 그곳에 기거하며 지켰던 절기를 말합니다.

논쟁은 3년간 계속되었고, 마침내 하나님의 목소리가 들려왔습니다. "양쪽의 의견 모두 살아 있는 하나님의 말씀이지만, 나는 힐렐과 의견이 일치한다."(「에루빈」 13b)

하나님이 힐렐 학파의 손을 들어준 이유가 무엇일까요? "그들이 친절하고 겸손하였기 때문이다. 그들은 자신들의 주장은 물론이고 샤마이 학파의 주장도 연구하였다. 또한 그들은 자신의 것을 내세우기 전에 샤마이 학파의 행동을 언급할 정도로 겸손하였다."(「에루빈」 13b)

위의 일화는 랍비들처럼 학식 있는 사람들의 이중성을 설명할 때 자주 인용되는 사례입니다. 『탈무드』에서 강조하는 것은 단 하나의 결론을 이끌어내는 것이 아닙니다. 어떤 문제에 대해서든 충분한 토론이 필요하지만, 토론의 결과로 의견이 일치되지 않아도 괜찮습니다. 토론 과정을 중요하게 여깁니다.

정답은 하나가 아니다

유대인들은 나이나 직위에 관계없이 모두가 하나님 앞에 평등하다는 깊은 믿음을 갖고 있습니다. 그들이 활발한 토론 문화를 갖게 된 데는 이러한 믿음도 큰 역할을 했을 것입니다.

유대인들은 어떤 사안에 대해 묻고 답하며 논쟁하는 것이 습관화되어 있습니다. 정답은 하나뿐이라고 생각하지 않는 것이 그들의 특성입니다. 상대방의 주장이나 의견이 이해되지 않으면 주저하지 않고 묻는 것이 몸에 배어 있습니다.

이런 태도는 고스란히 그들의 자녀 교육에도 적용되고 있습니다. 유대인 부모들은 자녀에게 '최고'가 되라고 가르치지 않고 '하나님이 주신 재능 위에서 최고'가 되라고 가르칩니다. 저마다 하나님이 주신 재능이 있을 것이니 그 재능 위에서 최고가 되라는 말입니다.

또한 위의 힐렐 학파와 샤마이 학파의 사례는 학식이 많은 랍비들이 자신만이 옳다는 주장을 앞세우고 교만에 빠지지 않도록 주의해야 함을 말해 주고 있습니다. 이는 반드시 학식이 많은 사람들에게만 해당되는 이야기는 아닙니다.

모든 사람들은 탁월함을 추구하면 할수록 더욱 더 자신을 낮출 수 있어야 합니다. 탁월해지고 싶은 사람이라면 작고 사소한 일에 더 충실할 수 있어야 한다는 뜻이기도 합니다.

이와 더불어 탁월함에 이르는 방법과 관련하여 유대인들은 '로시 가돌 (rosh gadol)'이라는 표현을 즐겨 사용합니다. 히브리어 로시 가돌은 원래 '큰 머리'라는 뜻이지만, 나아가 '자신이 아는 것에 머물지 않고 발상의 전환을 시도하는 능력'을 뜻합니다.

넓게는 어떤 일의 큰 그림을 볼 수 있는 능력, 어떤 일에 책임을 지고 주도적으로 행하는 능력, 리더십을 발휘하는 능력, 어떤 일이 요구하는 최소한의 의무를 넘어서서 행하는 능력 등을 아우르는 용어로, 일터에서 자주 사용됩니다. 이스라엘 군대에서는 '책임감을 갖고 적극적으로 맡은 일 이상을 해내는 것'이란 뜻으로 사용됩니다.

구직자를 구하는 이스라엘 기업들의 광고에는 '로시 가돌을 갖고 새로운 기술을 배우고 발전시키는 데 관심을 가진 지원자들을 구합니다!'와 같은 문구를 만날 수 있습니다.

한편 로시 가돌에 반대되는 용어는 '작은 머리'를 뜻하는 '로시 카탄(rosh katan)'입니다. '자신에게 할당된 임무를 마지못해 수행하는 것'을 뜻합니다. 유대인들은 어떤 일을 하든 자신이 해야 하는 일이라면 로시 가돌을 가지고 해야 한다고 권합니다.

주인의식을 갖고 매사를 대하라는 그들의 직무관이 수많은 인재를 낳은 원천이 되었을 것입니다.

6

명성은 스스로 만드는 것

"모든 사람은 세 개의 이름을 갖고 있다.
하나는 부모가 준 이름이고,
다른 하나는 다른 사람들이 부르는 이름이며,
마지막 하나는 스스로 성취한 이름이다.
스스로의 노력으로 만들어낸 이름은
주어진 이름보다 훨씬 더 가치가 있다."

「집회서 주해서」 7:1~4

'편안한 것은 좋은 것이고 불편한 것은 나쁜 것이다.'
우리는 이런 주장을 별다른 비판 없이 받아들입니다. 어느 누가 불편함
을 자청하겠으며, 어느 누가 불편함도 좋은 것이라고 이야기할 수 있겠
습니까?

그러나 불편함과 안락함을 다른 시각으로 바라볼 수도 있습니다. 삶
을 경험의 질이나 양으로 이해한다면 불편한 인생은 그만큼 경험의 질
과 양이 풍부한 인생이라고 볼 수도 있습니다.

이따금 저는 이런 생각을 해봅니다. '40세를 막 넘어섰을 때, 내가 거의 만들어내다시피 한 연구원을 떠나지 않았다면 내 삶은 어떠했을까?' 아마도 삶은 잘 닦인 길을 달리는 것처럼 편했을 것이고 굴곡도 별로 없었을 것입니다.

안정적인 조직을 떠나 스스로 길을 만들어가야 하는 광야의 인생을 시작하면서 힘이 들기도 하고 여러 가지 부침도 있었지만, 경험의 질과 양은 훨씬 풍요로워졌다고 생각합니다. 그리고 계속해서 새로운 영역을 개발해야 하는 중압감이 강력한 동기가 되어 전진을 재촉할 수 있었습니다.

한편으로는 불편하고 불안정한 삶이었지만, 경험이란 측면에서 보면 조직 생활에서 얻을 수 없었을 경험과 지혜를 갖게 되었습니다.

모든 것이 주어진다면 행복할까?

지금 우리는 무엇이든 빨리 성과를 내야 하는 조급한 시대를 살고 있습니다. 점점 사람들은 참고 견딘 끝에 결실을 거두는 일의 가치와 소중함을 잊어가고 있습니다. 한마디로 참을성을 잃어가고 있습니다. 이런 추세는 앞으로 더 힘을 받을 것입니다.

어려운 상황을 참고 이겨낸 끝에 영국을 대표하는 문호가 된 새뮤얼 존슨은 참아내고 이겨내는 것에 대해 이런 말을 한 적이 있습니다. "역경에 맞서 싸우고 그것을 정복하는 것은 인간이 바랄 수 있는 가장 큰 행복이다."

역경에 맞서 싸우는 것을 어떻게 행복과 연결하여 생각할 수 있을까 의문이 생기기도 할 것입니다. 하지만 세월이 흐른 다음 과연 편안하고 안락했던 시절들이 행복했는지를 되돌아보게 됩니다.

물론 역경을 헤쳐가야 했던 그 순간이 힘든 것은 사실입니다. 그런데 역설적이게도, 모든 것이 주어지고 모든 것이 편하게 흘러갔던 시절은 별로 기억에 남지 않습니다. 반면에 하루하루 살얼음판을 걷듯이 힘들 게 헤쳐온 시절은 우리 삶에, 그리고 우리 내면에 생생한 족적을 남깁니다.

새뮤얼 존슨은 이런 역설을 명쾌하게 해결해 줍니다. "아무런 투쟁도 없이 인생을 산 사람, 성과도 장점도 자부심 있게 내보이지 못하는 사람은 그저 공간을 채우는 존재에 불과하다."

부모로부터 큰 재산이나 지능, 혹은 재능이나 뛰어난 외모 등을 물려받는 것은 행운입니다. 물질적인 부는 물론이고 지능이나 재능 등 그 어느 것도 모든 사람들에게 공평하게 분배되지는 않습니다. 삶의 본질은 불공평이 기본값이라고 해도 과언이 아닙니다.

피겨스케이팅의 여왕이었던 김연아 선수의 뛰어난 기량 앞에서 좌절한 선수들이 얼마나 많았겠습니까? 김연아 선수처럼 노력한 사람들은 적지 않을 것입니다. 그러나 그녀의 타고난 재능이 김연아 선수가 다른 선수들과 구별되는 최고의 선수가 되는 데 압도적인 기여를 했을 것입니다. 특히 예술이나 스포츠에서는 타고난 재능이 무척 중요합니다.

가수 싸이의 경우는 어떻습니까? 그가 〈강남 스타일〉로 그렇게 세계적인 인기를 끌게 될 줄을 누가 알았겠습니까? 어느 누구에게도 주어지지 않았던 큰 행운이 그와 함께 했습니다. 그만큼, 아니 그보다 더 열심히 노력했던 가수들도 많을 것입니다.

여기서 강조하고 싶은 것은 세상만사의 기본은 불공평함이라는 사실입니다. 때로는 재능, 유산, 행운에 의해 삶은 불공평의 연속입니다.

이번에는 부모로부터 큰 부를 물려받은 사람을 생각해 봅시다. 큰 재산을 물려받아서 성공한 사람은 직접 부를 일구어낸 사람처럼 박수를 받기는 어렵습니다. 세상 사람들은 그가 물려받은 재산에 큰 비중을 둘 것이기 때문입니다.

삼성의 이건희 회장처럼 걸출한 성과를 내는 데 성공한 사업가라면 아버지 이병철 회장과 달리 이건희라는 별도의 이름을 만들어낼 수 있습니다. 그러나 그만한 성과를 올리지 못했다면 '이병철 회장의 셋째 아들'에서 벗어나지 못했을 것입니다.

스스로 이름을 만들어낸다는 것

이런 면에서 보면 뛰어난 부모를 둔 사람은 세상 사람들이 깜짝 놀랄 정도의 성과를 만들어내는 데 성공하지 못하는 한 독자적인 자기 이름을 가지기 어렵습니다. 그냥 '누구의 자식'에서 평생 벗어나기 힘듭니다. 부모의 그늘을 벗어나기가 힘든 것이 그들이 가진 고민이자 아픔일 것입니다.

한 친구는 지방에서 꽤 재력이 있는 집의 맏아들로 태어났습니다. 그도 사업을 이어받아서 제법 성과를 냈습니다만, 50대에 접어든 그에게는 늘 '누구의 아들'이라는 꼬리표가 붙어 다닙니다.

'그게 뭐가 문제인데?'라고 물을지 모릅니다. 그러나 그 친구는 아무리 노력해도 세상 사람들이 자신을 누구의 아들로만 생각하는 것이 상당한 스트레스라고 털어놓습니다. 모든 사람의 마음속에는 타인들로부터 그 자신 자체로 인정받고 싶고 박수 받고 싶은 욕구가 있기 때문입니다.

『탈무드』는 자신의 손과 발과 두뇌로 성취하여 자신의 이름을 만들어내는 것의 가치를 강조하고 있습니다. 아무런 기반 없이 고생스럽게 시작하는 사람을 측은하게 생각할 수도 있습니다.

그러나 역으로 생각하면 그 사람에게는 자신이 이룩한 모든 것을 자신의 영광이자 명성으로 고스란히 축석할 수 있는 기회가 주어진 셈입니다. 이 또한 행운이라고 생각할 수도 있습니다.

앞에 소개한 인용문을 통해 『탈무드』는 한 사람이 평생 가질 수 있는 세 가지 이름에 대해 말합니다. 두 가지 이름은 부모로부터 혹은 타인으로부터 주어지는 것입니다. 세 번째 이름은 스스로 만들어내는 것입니다. 그것이야말로 가장 가치 있다고 말합니다. 마지막 이름을 어떻게 만드느냐는 자기 자신에게 달려 있습니다.

근래에 금수저, 은수저, 흙수저 논쟁을 보면서 드는 의문에 대한 저의 답은 『탈무드』의 지혜로 대신하고 싶습니다.

어떤 시대에, 어떤 나라에서, 어떤 집안에서 태어나는 것은 스스로

정할 수 없습니다. 사회가 어느 수준 이상으로 발전하고 제도가 점점 경직화되는 사회는 점점 계층 상승의 문이 좁아집니다. 우리 사회가 지금 그런 사회로 가고 있습니다. 이를 넓히기 위한 노력은 정치적인 문제이며 한 개인의 힘만으로는 극복하기 쉽지 않습니다.

미국도 1970년대 이후 제조업 일자리가 사라지면서 계층 이동의 가능성이 점점 줄어들고 있습니다. 그래서 '더 이상 아메리칸 드림은 없다'고 단언하는 전문가들도 있습니다.

사회학자인 로버트 D. 퍼트넘은 『우리 아이들』이라는 저서에서 "소득 불평등이 확대됨에 따라 보다 특권을 누리는 배경을 가진 아이들은 특권이 적은 배경의 또래들보다 훨씬 더 앞서서 출발하고 앞서서 도착하게 될 것이다"라고 말합니다.

경제학자인 이사벨 소힐(Isabel Sawhill) 역시 『앞서든지, 뒤처지든지 (Getting Ahead or Losing Ground)』에서 "사다리의 계단 사이가 과거보다 훨씬 더 떨어져 있기 때문에 가정 배경이 한 사람의 궁극적인 경제적 성공에 주는 영향력은 더 커졌고, 아마도 보다 더 오랫동안 지속될 것이다"라고 예상합니다.

그렇다면 우리가 할 수 있는 선택 가운데 하나는 관점을 바꾸는 것입니다. 관점을 어떻게 바꾸어야 할까요? '삶은 구조적으로 불평등할 수밖에 없지만, 나는 계층 이동의 가능성을 끊임없이 추구하겠다.' 결코 쉬운 일은 아닙니다. 오늘날처럼 조급하게 성과를 재촉하는 시대에서는 더더욱 쉽지 않습니다.

그러나 현명한 사람이라면 체념하고 포기하기보다는 자기 혁신을 통해서 삶을 개선하는 길을 선택할 것입니다. 자기 이름을 스스로 만들어 내는 일이 결코 쉽지 않은 과제이긴 하지만, 그만큼 그 결실은 달콤합니다. 어떤 선택을 할 것인지는 결국 개인의 몫입니다.

7

높은 자리에 앉을 수 있더라도
낮은 자리에 앉아라

"어떤 모임에서 주목을 받거나
높은 자리에 앉을 수 있는 자격을 가졌을지라도
두 단계 혹은 세 단계 낮은 자리에 앉아라.
힐렐은 이렇게 충고하였다.
'스스로를 낮추면 높아질 것이지만,
거만하게 행동하면 낮춰질 것이다.'"

「레위기 주해서」 2

"국립묘지 같은 데 가도 초선이면 자기가 알아서 뒷줄에 선다. 그때 어떻게든지 기를 쓰고 앞줄에 서보겠다는 사람들이 있다. 대개 그런 사람들이 뜬다. 그런 사람들이 SNS를 잘한다. 그것이 당을 천박하게 만들고 사고를 치게 만든다. 5,000만 공동체를 놓고 고민하려고 하면 염치도 알고 예의도 있고, 남을 좀더 배려하는 마음도 있어야 한다."

3선을 끝으로 정치계를 떠나는 유인태 의원이 《중앙일보》와의 인터뷰에서 정치 후배들에 대해 한 말입니다. 그는 정치 후배들에게 해주고 싶은 이야기를 단 한 문장 "사람이 되어라"로 요약했습니다.

겸손을 대표하는 인물, 모세

좋은 것을 갖거나 좋은 자리에 올라가면 자랑하고 싶고 뽐내고 싶은 것은 자연스러운 인간의 본성입니다. 그래서 남들보다 좀더 높은 자리에 앉거나 더 많은 것을 갖게 되면 그런 본성이 여과 없이 분출되는 경우가 많습니다.

그러나 세상 사람들이 부러워하는 것을 갖거나 그런 위치에 서더라도 겸손을 유지하는 사람들이 있습니다. 그런 사람들은 특별하다 해도 과언은 아닐 것입니다.

『탈무드』는 '높은 자리에 앉을 수 있더라도 낮은 자리에 앉으라'고 겸손에 대한 조언을 하면서 『구약성경』 속의 '모세'라는 인물을 대표 사례로 듭니다.

모세는 유대인들이 여러 선지자들 가운데에서도 특별한 위치를 부여하는 사람입니다. 모세는 애굽에서 노예 상태에 놓여 있던 이스라엘 민족을 이끌고 갖은 고생 끝에 가나안 땅 입성을 눈앞에 두었으나, 입성 직전에 죽음을 맞았던 지도자였습니다.

그의 성품 가운데 중요한 부분이 겸손이었음을 『탈무드』는 이렇게 기록하고 있습니다.

"모세의 훌륭한 성품인 겸손은 그의 삶이 끝날 때까지 변하지 않았다. 하나님이 그에게 애굽의 왕인 바로(파라오)에게 가라는 명령을 내렸을 때도 그는 겸손 때문에 그 명령을 받드는 데 주저하였다. '모세가 하나님께 아뢰되 내가 누구이기에 바로(파라오)에게 가며 이스라엘 자손을 애굽에서 인도하여 내리이까.'(「출애굽기」 3:11) 만일 다른 사람이 하나님에게 적임자로 선택되었더라면 자신을 더 대단한 존재로 생각했을 것이다. 그러나 모세는 그러지 않았다."(「레위기 주해서」 1)

『탈무드』는 인간 사이에서의 겸손은 물론이고 하나님 앞에서의 겸손을 더 강조하고 있습니다. 위의 인용문은 모세가 하나님 앞에서도 겸손을 유지했던 사람임을 보여주는 사례입니다.『탈무드』는 하나님 앞에서 겸손한 자는 인간 앞에서도 겸손할 수 있다고 생각했을 것입니다.

애굽 병사들이 모세와 그가 이끄는 이스라엘 사람들을 죽이기 위해 쫓아오는 위급 상황에서도 모세는 자신의 능력에만 의지하지 않았습니다.

이스라엘 사람들이 아우성을 치면서 "당신이 우리를 이끌어내어 이 광야에서 죽게 하느냐"(「출애굽기」 14:11)라고 원망하며 아우성치는 속에서도 그는 하나님 앞에서 겸손을 유지했습니다.

그는 사람들에게 이렇게 말했습니다. "너희는 두려워하지 말고 가만히 서서 여호와께서 오늘 너희를 위하여 행하시는 구원을 보라. 너희가 오늘 본 애굽 사람을 영원히 다시 보지 아니하리라."(「출애굽기」 14:13)

이처럼 모세는 자신을 앞세우지 않고 하나님의 능력을 절대적으로 신뢰하고 겸손을 유지한 사람이었습니다.

인간은 불완전한 존재

겸손을 하나의 처세술로 이해할 수도 있지만, 겸손은 그보다 훨씬 더 깊은 품성입니다.

모든 인간이 가질 수밖에 없는 한계를 인식한다면 겸손은 모두에게 훨씬 근본적인 특성으로 자리 잡을 수 있을 것입니다. '내가 누구인가?' '우리가 누구인가?'라는 질문에 대해 '완전함과는 아주 거리가 먼 지극히 불완전할 수밖에 없는 존재가 인간이다'라는 인간관을 갖는다면 겸손하지 않을 수 없을 테니까요.

자신이 쌓아올린 모든 것들이 한순간에 허물어질 수도 있다는 사실을 인정한다면 교만이 들어설 자리는 없을 것입니다.

그런 것들에는 재물이나 명성뿐 아니라 생명도 포함됩니다. 잔병치레를 하지 않고 긴강한 사람들은 가끔 자신의 건강을 타고난 권리로 받아들이고 변하지 않을 것으로 믿기 쉽습니다. 그러나 사소한 병에 걸려서 단 며칠만 앓더라도 자신이 탄탄하게 생각하던 것들이 얼마나 허물어지기 쉬운지를 뼈저리게 실감하게 됩니다.

자신이 얼마나 불완전하고 나약한 존재인지, 탄탄한 기반을 갖고 있는 것처럼 보이는 것들이 얼마나 허물어지기 쉬운 것인지를 늘 기억하고, 언제든 겸손한 마음과 자세를 잃지 않고 생활할 수 있도록 노력해야 할 것입니다.

소경과 등불

한번은 깜깜한 밤길에서 한 손에 횃불을 들고 걸어가는 눈 먼 사람을 보았다. 내가 그에게 물었다.

"횃불은 왜 들고 다닙니까?"

그러자 그가 대답하였다.

"내가 횃불을 들고 다니면 사람들이 나를 볼 것이고, 내가 잘못하여 구덩이에 빠지는 것으로부터 구해줄 수 있을 테니까요."

— 「메길라」 24b

랍비 요세 벤 하라타가 소개한 우화입니다. 어차피 앞을 못 보는 사람이 밤길에 횃불을 들고 가는 걸 보면 의문이 생길 것입니다. 위 우화에는 유대인들이 걸어왔던 고난의 역사와 관련한 교훈이 담겨 있습니다. 앞을 볼 수 없는 맹인이 어둠 속을 조심스럽게 더듬으며 걸어가는 것은 유대인들이 처한 고난의 상황을 상징합니다.

어느 누구에게도 도움의 손길을 내밀 수 없는 어려운 상황에 처한 유대인들을 『구약성경』에서는 이렇게 묘사하고 있습니다. "나를 어둠 속에 살게 하시기를 죽은 지 오랜 자 같게 하셨도다."(「예레미야애가」 3:6)

하지만 그들은 어떤 어려운 상황 속에서도 자신을 구할 수 있는 '횃불'을 갖고 있었습니다. 그들에게 횃불은 모세 오경입니다. 고난 속에서도 그들은 모세 오경을 공부하면서 고난 극복의 지혜를 얻고 고난이 주는 고통을 경감할 수 있었습니다.

위 우화는 고난이 오더라도 낙담한 채 손을 놓고 있을 것이 아니라 맹인이 횃불을 켜고 조심스럽게 나아가는 것처럼 모세 오경의 인도를 받으면서 앞을 향해 나아가야 한다는 교훈을 담고 있습니다. 깜깜한 밤중에 횃불을 들고 가면 남들의 눈에 띄므로 위험한 상황에 처하게 되더라도 남들이 구해줄 가능성이 높습니다.

❀ 무언가에 눈이 가려지지 않도록 조심할 것

저는 위 우화를 읽으며 두 가지 생각이 떠올랐습니다. 하나는 우리가 어디서 무엇을 하든 가능한 한 조심하고 주의할 필요가 있다는 점입니다.

우리는 평상시 안전에 관한 한 조금 무딘 편입니다. 지금은 아이들이 자전거를 탈 때 헬멧을 착용하는 것을 당연하게 여깁니다. 하지만 얼마

전까지만 하더라도 헬멧을 쓰는 것은 튀는 행동이었습니다. '자전거 타다가 뭐 큰일을 당하겠어?' 하고 넘길 수도 있지만, 경미해 보이는 사고라도 뇌에 큰 상처를 입힐 수 있습니다.

과학 실험을 할 때 눈을 보호하는 안경을 쓰고 하는 것이 아직 일상화되어 있지는 않습니다. 무심코 '뭐 별일 있겠어?' 하고 생각하기 때문입니다. 집에 못을 박을 때도 보호용 안경을 끼고 하는 사람은 거의 없을 것입니다.

아무리 사소해 보이는 일에서도 위험한 상황은 벌어질 수 있습니다. 위 우화는 큰일이든 작은 일이든 매사에 가능한 한 주의하고, 늘 위험에 대비하여 처리해야 한다는 뜻도 담고 있는 것이 아닐까 생각합니다.

다른 하나는 앞을 못 보는 건 맹인만이 아니라는 사실을 지적하는 게 아닐까 생각합니다. 위 우화에 등장하는 맹인을 신체적인 장애를 가진 사람이 아니라 상징적인 존재로 가정한다면 어떤 의미를 내포하고 있을까요?

우리가 사는 세상에서 '맹인'으로 상징할 수 있는 사람들은 누구일까요? 나아가 '횃불'이 상징하는 것은 무엇일까요?

여기서 맹인은 어떤 상황이나 사람, 혹은 자신의 그릇된 인식과 편견에 의해 눈이 가려진 사람을 상징한다고 할 수 있습니다.

예를 들어, 상당한 투자 수익을 약속하는 사람에 의해 눈이 가려진 투자자를 가리킬 수 있습니다. 큰돈을 들여 굿을 하면 아이의 병을 고칠 수 있다고 권하는 무속인에게 속는 사람일 수도 있습니다. 이상한 이데올로기에 심취해서 젊음을 탕진하는 사람일 수도 있습니다.

이 세상에는 지식, 종교, 이데올로기, 이익 등 눈을 가리는 것들이 많습니다. 그런 것들에 의해 눈이 가려진 사람이라면 '맹인'이라 불러도 좋을 것입니다.

남을 '맹인'으로 만들고자 하는 사람들의 공통점은 그 사람이 스스로 '횃불'을 들지 못하도록 만드는 것입니다. 예를 들어, 사이비 종교 집단은 어떤 사람을 유혹하면 그에게 가족이나 사회와의 단절을 요구합니다. 외부의 조언이나 도움을 받을 수 있는 기회를 아예 차단하는 것이죠.

무언가의 꾐에 빠지는 사람은 그것이 자신에게 유리하지 않은 유혹이라는 사실을 알지 못하는 경우가 많습니다. 알더라도 자신이 무언가나 누군가에게 눈이 가려졌다는 사실을 인정하기는 쉽지 않을 것입니다.

하지만 어떤 것의 유혹에 강하게 끌리는 경우라면 남들에게 그것을 알리고 조언이나 이야기를 들어보는 것이 현명한 태도입니다. '내가 이런저런 투자를 하려고 합니다' '내가 이런 종교 집단에 들어가려고 합니다' 같은 사실을 주변에 알리는 것이 바로 횃불을 드는 행위라 할 수 있습니다.

횃불을 높이 들어야만 다른 사람들이 도움의 손길을 내밀 수 있습니다. 평범하지 않은 길을 선택할 때는 주변 사람들의 의견을 구하는 지혜를 가져야 합니다.

8

분노를 다스릴 줄 알아야 인간이다

"화를 벌컥 내면 지옥의 고통으로 이끌릴 것이다.
그러므로 분노가 네 마음에서 떠나게 하며
악이 네 몸에서 물러가게 하라. 악은 오직 지옥을 뜻할 뿐이다.
분노하는 사람은 여호와 하나님께서 가슴이 떨리고,
앞이 잘 안 보이고, 마음은 슬프게 만드실 것이다."

「네다림」 22a

화를 내는 것은 너무나 인간적인 일입니다. 옛날부터 우리나라 사람들은 화를 분출하는 것을 그리 수치스러운 일로 생각하지 않았습니다. 이웃 나라 일본의 경우는 분노를 잘못 표출했다가는 상대에게서 단번에 칼이 날아올 수 있는 사회였기 때문에 언어나 행동은 늘 상대방을 의식해야 했습니다.

미국의 경우에는 사회적인 예절로서 남들 앞에서 분노를 터뜨리는 것을 부끄러운 일로 여깁니다. 분노를 안으로 삭일 수 있는 능력을 매우 중요하게 여깁니다. 그래서 공식적인 자리에서 화를 벌컥 낸 정치인들은 두고두고 비난을 받습니다.

우리 사회는 정치인이든 일반인이든 분노를 잘 표출하고, 그런 일에 대해 비교적 관대한 편입니다. 화를 내는 상대방 때문에 당혹스러운 경험을 하거나 위협적인 상황에 처했던 사람들도 적지 않을 것입니다.

대검찰청이 2010년에 발표한 자료에 따르면, 우리나라에서 발생한 살인 사건 가운데 43.3퍼센트가 갑작스러운 감정 조절 실패로 인한 것이라고 합니다. 그리고 같은 해에 타인에게 상해를 입힌 사건 가운데 70.5퍼센트는 분노가 그 원인이라고 합니다.

우리 사회에서 분노를 표출하는 문제는 어제오늘의 일은 아닙니다. 다만 최근 들어서는 악화되는 경제 상황과 맞물려서 분노로 인한 범죄가 점점 증가하는 추세에 있습니다. 분노와 관련한 범죄가 무서운 것은 누구든 자신도 모르는 사이에 가해자가 될 수도 있고 피해자가 될 수도 있기 때문입니다.

앞의 인용문에서는 화를 내는 일을 피해야 한다는 걸 강조하기 위해 '지옥'이라는 단어를 사용합니다. 누구도 지옥으로 떨어지기를 원하지는 않을 것입니다. 그만큼 『탈무드』는 화를 내는 일이 나쁘다는 사실을 강조하고 있습니다.

『탈무드』는 나아가 분노를 우상 숭배로까지 연결 짓고 있습니다. 유대인들이 지켜야 할 『구약성경』의 613개 율법 가운데에서 으뜸은 십계명의 첫 번째 계명과 두 번째 계명입니다. 이 계명에서는 다른 신을 숭배하는 일, 즉 우상 숭배를 철저하게 금하고 있습니다. "너는 나 외에는 다른 신들을 네게 두지 말라. 너를 위하여 새긴 우상을 만들지 말라.”(「출애굽기」 20:3~4) 이렇게 우상 숭배를 절대로 해서는 안 될 일로 규정해 놓고는 화를 내는 일을 우상 숭배에 비유합니다. “화를 내는 일은 우상을 숭배하는 것과 같다.”(「레오람 주해서」 15) 그만큼 나쁘다는 것입니다.

‘화를 내는 것을 좀 미룬다고 해서 잃는 게 무엇인가’

어떻게 하면·화를 벌컥벌컥 내는 일을 줄일 수 있을까요? 나이가 들면 분노를 표출하는 빈도와 세기가 조금은 줄어듭니다. 젊은 날에 비해 에너지도 약해지고, 세상을 보는 여유도 조금은 생기고, 화를 내고 난 다음의 신체적, 정신적 피로 같은 후유증을 이겨내기가 쉽지 않기 때문입니다.

그러나 나이를 먹는다고 해서 화를 내지 않게 되는 건 아닙니다. 노년에도 분노를 제어하지 못하고 일을 저지르거나 곤경에 처하는 사람들을 주변에서 목격하기도 하고 언론을 통해서 접하기도 합니다. 과연 인간은 분노로부터 자유로워질 수 없는 걸까요?

『탈무드』에서는 분노 때문에 고뇌하는 사람들을 위해 분노를 다스리는 구체적인 방법을 제공합니다. “랍비 로즈돌러는 말합니다. 나는 어떤 사람에게 분노를 느낄 때 분노의 표현을 늦춥니다. 그리고 스스로에게 이렇게 말합니다. ‘화를 좀 미룬다고 해서 잃는 게 있겠어?’”

분노를 느낄 때 바로 표현하지 말고 한 박자 멈추라는 이야기입니다.

그러면 그 사이 화가 좀 가라앉고 좀더 이성적으로 생각하고 행동할 수 있게 됩니다. 그러면 나중에 후회할 일을 줄일 수 있을 것입니다.

가정에 불만이 많고 화를 버럭버럭 잘 내는 사람이 있으면 그 가정이 화목하고 원만하기는 힘듭니다. 가정불화는 물론이고, 가족들은 정신적, 정서적으로 큰 상처를 입게 됩니다.

『탈무드』는 화목해야 할 가정에서 화를 내는 일에 대해 이렇게 말하기도 합니다.

"가정에서 화는 참깨에 섞여 있는 벌레와 같다." —『소타』 3

참깨는 낱알의 크기가 아주 작습니다. 그 사이에 벌레가 섞여 있다고 상상해 보세요. 벌레를 걸러내기 힘들 뿐 아니라 참깨 전체가 벌레의 영향을 받게 됩니다. 식구 중에 화를 잘 내는 사람이 섞여 있어도 마찬가지의 상황이 됩니다. 특히 부모 가운데 한 사람이 화를 잘 낸다면 이것은 결코 작은 문제가 아닙니다.

우리는 사람이기 때문에 일상생활을 해나가며 전혀 화를 내지 않을 수는 없습니다. 하지만 노력하기에 따라 화를 내는 빈도와 강도를 줄이는 것은 가능할 것입니다. 또한 그 방법을 스스로 선택할 수 있습니다. 타인에게 최대한 상처를 주지 않고 스스로도 부정적인 감정에 오랫동안 휩싸이지 않도록 말입니다.

화가 나면 우선 의식적으로 호흡을 느리게 합니다. 깊게 심호흡하기, 거꾸로 숫자 세기, 화가 나는 상황이나 환경을 잠시 벗어나기, 잠시 걷기 등이 우리가 분노를 다스릴 수 있는 방법들입니다.

또한 화를 잘 내지 않는 쪽으로 성격이나 기질을 바꾸려는 노력도 해야 합니다. 기질을 바꾸는 일은 쉽지 않지만 화를 줄이는 근본적인 처방이기 때문입니다.

성격이나 기질을 바꾸는 것은 결코 쉬운 일이 아닙니다. 그러나 꾸준히 의식적으로 노력하면 불가능한 일도 아닙니다. 마음을 다스리는 데 도움이 되는 글을 자주 읽고, 운동을 하고, 명상 을 하면 도움이 될 것입니다.

9

스스로를 높일 때 어려움이 찾아온다

> "재물에 의지하지 말며, 권력을 과시하지도 마라.
> 의욕과 정력만을 믿고
> 탐욕에 빠지는 일이 없도록 하라.
> '나를 누를 자가 누구냐?'고 장담하지 마라.
> 주님께서 너를 벌하시리라."
>
> 『벤 시락의 지혜(집회서)』 5:1~3

'그때 브레이크를 잡았다면 어땠을까?' 한참 잘나갈 때 무리하게 사업을 확장하다가 어려움을 겪고 있는 지인을 만날 때면 늘 떠오르는 생각입니다. 그때 호흡을 고를 수 있었다면…… 과도한 이익에 눈이 가리지 않았다면…… 하는 안타까움이 듭니다.

그런 일이 그에게만 해당되는 일은 아닙니다. 머리에 떠오르는 굵직굵직한 기업들과 인물들의 흥망도 과욕, 과신, 과속과 깊은 관련이 있습니다. 개인이든 조직이든 국가든 비슷한 상황이 자주 일어납니다.

무언가를 자기 능력을 뛰어넘을 정도로 잘 해냈을 때 슬며시 등장하는 것이 자기 능력에 대한 과신과 미래에 대한 확신입니다. 특히 세월과 함께 오르막과 내리막을 모두 경험해 보지 못한 사람들이 과욕과 과신 그리고 과속의 수렁에 빠지기 쉽습니다.

저는 강의를 하며 다양한 기업의 연수원을 방문할 기회가 많습니다. 최근에 방문했던 한 연수원은 기업이 다른 곳에 매각될 상황에 놓인 곳이었습니다. 그 기업을 소유하던 지배 주주가 연수원 곳곳에 남긴 정성을 확인하니 애잔함이 느껴졌습니다. 벽에 걸린 그림이며 눈에 잘 띄지 않는 곳에 사용된 건축 자재까지 어느 것 하나 손색이 없었습니다.

하지만 그 기업은 건설업에 대한 지나치게 낙관적인 전망 때문에 주력 기업을 팔 수밖에 없는 상황에 처해 있습니다.

불확실성과 함께하는 우리의 삶

살아가는 것이나 사업하는 것이나 모두 미래를 향한 것입니다. 미래는 늘 불확실성과 함께합니다. 전망이 항상 적중할 수는 없습니다. 상황은 언제든 돌변할 수 있다는 사실을 명심해야 합니다. 의심하지 않았던 미래가 자신에게 치명타를 입힐 수 있다는 사실을 잊지 않아야 합니다.

세월을 지나오며 이런저런 부침을 겪고 생존을 향한 사투를 벌여본 사람들은 그나마 실수를 범할 가능성이 조금 낮습니다. 그렇다고 해서 실수를 하지 않는 건 아닙니다. 아무리 경험 많고 나이 든 사람이라도 시대의 분위기나 전문가의 의견이 과도한 욕망과 어우러지면 눈이 가려질 수 있기 때문입니다.

그런 측면에서 『탈무드』의 지혜, 즉 "의욕과 정력만을 믿고 탐욕에 빠지는 일이 없도록 하라"는 조언은 새길 만한 교훈입니다. 상황이 언제든 돌변할 수 있다는 사실을 인정한다면 항상 조신하고 겸손할 수밖에 없을 것입니다.

「잠언」은 인간이 단 하루 뒤의 일조차 정확히 내다볼 수 없다는 것을 지적하며 이렇게 경고합니다. "내일 일을 자랑하지 말라. 하루 동안에 무슨 일이 일어나는지 네가 알 수 없음이니라."(「잠언」 27:1)

불확실성, 불안전성과 더불어 살아갈 수밖에 없는 것이 우리의 삶입니다. 이처럼 피할 수 없는 삶의 진실 앞에서 우리가 선택할 수 있는 유일한 대안은 상황의 돌변 가능성을 늘 생각하고 겸허한 마음을 갖는 일입니다.

자신의 생각이나 판단을 과신하면 안 됩니다. 주변의 이야기도 경청할 필요가 있습니다. 어떤 확신이 생기더라도 그 확신을 '검증해야 할 가설' 정도로 받아들여야 합니다.

겸손이 강물처럼 흐르게 하는 방법은 인간이 언제 큰 위험에 빠지는지 아는 것입니다. 스스로를 높일 때, 즉 자고(自高)할 때에 어려움이 찾아올 가능성이 높습니다. 잘나갈 때일수록 더욱 더 자신을 낮추는 지혜가 필요합니다.

10

남의 것을 탐하지 마라

"르우벤은
밀을 수확하는 때에 방문하여
밭에서 맨드레이크라는 유독성 식물을 발견하였다.
그리고 밀밭에서 맨드레이크만을 골라냈다.
이에 대해 랍비 벤 아이작은 말한다.
'이처럼 공의로운 사람은 타인의 것을 취하지 않는다.'"

「산헤드린」99b

'공의(公義)'는 '공평하고 의로운 도의'라는 뜻으로, '정의' '공평' '공정'이라는 단어와 비슷한 의미를 갖고 있습니다. 『성경』은 하나님의 성품 가운데 하나로 공의를 듭니다. 그래서 '공의의 하나님'은 선한 일에 대해서는 상을 주시고 악한 일에 대해서는 벌을 내리신다고 기록하고 있습니다.

『탈무드』는 '하나님은 이스라엘 민족이 어떤 삶을 살아가길 원하실까?'라는 질문에 대한 답을 제시합니다. 즉 공의의 하나님을 닮아 유대인들도 공정하게 생각하고 행동하는 사람이 되어야 한다고 말합니다. 한마디로 '공의의 인간'이어야 한다는 이야기입니다.

나의 것은 나의 것, 당신의 것은 당신의 것

공의로운 하나님을 닮은 공의로운 인간은 구체적으로 어떤 인간일까요? 간략하게 설명하면 '내가 가져야 하는 몫 이상을 탐하지 않는 사람'을 말합니다.

히브리어로 공의를 나타내는 단어는 세 가지가 있습니다. 우선 법적인 정의 혹은 도덕적 정의입니다. 이런 공의 혹은 정의를 히브리어로 '미시파트(Mishpat)'라 하며, 이 단어는 『구약성경』에만 406번이나 등장합니다.

기원전 8세기 유다에 살았던 선지자 미가는 하나님이 우리에게 요구하는 것을 호소력 있는 한 문장으로 명쾌하게 제시하였습니다. "여호와께서 네게 원하시는 것은 공의에 맞게 행동하고 긍휼을 사랑하며 겸손히 네 하나님과 함께 행하는 것이다."(「미가」 6:8)

여기서 공의, 긍휼, 겸손이라는 세 단어에 주목하시기 바랍니다. 이때 공의는 법적인 정의는 물론이고 긍휼까지 더해진 개념입니다. 히브리어로는 '체덱(Tzedek)'이라 부릅니다. 체덱은 사회 구성원들 사이에서 재화가 올바로 공정하게 분배되는 것과 관련되며 『구약성경』에만 111번 등장합니다.

공의는 여기에만 그치는 것이 아닙니다. 어려움을 당한 사람들을 돕는 '체다카(Tzedakah)'도 있습니다. 체다카는 어려움을 겪는 사람을 긍휼히 여겨 자선을 베풀 때 주로 사용되는 단어입니다. 체텍과 체다카는 동의어로, 전자는 사회적인 분배에, 후자는 개인의 자선에 주로 사용됩니다.

공의나 정의는 우리가 일상생활에서 자주 접하는 일들과 깊이 관련되어 있습니다. 현대 문명의 기초에 해당하는 것 중 하나가 사적 재산권입니다. '나의 것은 나의 것이고 당신의 것은 당신의 것이다.' 이것이 법적으로, 윤리적으로 보장되기 때문에 오늘날과 같은 문명이 화려하게 꽃을 피울 수 있었을 것입니다.

'당신의 것이 어떻게 당신만의 소유가 될 수 있는가? 당신의 재산이 만들어지는 데 사회적인 노력이 들어가지 않았는가? 따라서 당신의 것은 나의 것이 될 수 있다.' 이런 원칙을 받아들이는 사람들이 많은 사회라면 계속해서 물적 재화를 생산하는 일은 불가능할 것입니다.

그런 사회에서는 시간이 가면서 점점 사람들이 스스로 물질을 만들기보다는 다른 사람이 만든 것을 은근슬쩍, 혹은 대놓고 빼앗는 쪽을 택할 것입니다.

현대 문명의 기초를 놓는 데는 재산권을 명확하게 정립한 13세기 영국의 대헌장이나 17세기의 명예혁명 같은 제도 개혁이 큰 역할을 담당하였습니다. 왕권으로부터 자신의 재산을 보호할 수 있도록 한 조치들이 있었기 때문에 현대의 문명이 가능하였다 해도 무리가 아닙니다.

공짜 앞에서는 누구나 무너지기 쉽다

한편, 정의를 부르짖고 권력을 잡지만 오히려 정의를 파괴한 일은 인류 역사에 적지 않습니다. 베네수엘라의 차베스 전 대통령은 국유화와 무상 분배 정책 등 선심 정책으로 사람들의 호감을 얻었습니다. 그러나 그의 사후에 유가가 폭락하면서 무상 분배 정책은 파국을 맞고 각종 생필품 가격은 천정부지로 오르고 말았습니다.

그는 사회적 정의를 실현하겠다며 가난한 사람들을 돕기 위한 무상 정책을 남발하였지만 결과는 사회적 정의의 실현은커녕 나라 전체가 쇠락하는 결과를 낳고 말았습니다.

정부의 과도한 개입에 의한 사회적 정의의 실현이라는 것이 얼마나 큰 후유증을 낳는지를 사람들은 잘 압니다. 하지만 막상 공짜 앞에서는 유혹에 약해지고 맙니다.

공산주의가 처음 출현할 때 내세운 구호도 '사회적 정의'의 실현이었습니다. 그들은 정의를 실현하는 방법으로 시장이라는 도구를 사용하지 않고 권력을 잡은 사람들의 계획이나 명령을 사용하였습니다. 그리고 권력자들의 인위적인 개입이 낳는 심각한 부작용으로 말미암아 사회적 정의가 아닌 심각한 사회적 부정의가 탄생하고 말았습니다.

북한의 김일성이 정권을 잡을 때도 무산대중을 위한 사회적 정의를 내세웠습니다. 그러나 결과는 소수의 권력자들이 국민을 노예화하는 상태가 되고 말았습니다.

자본주의 사회에서 사회적 정의를 실현하는 중요한 도구는 가격입니다. 가격에 따라 재화와 서비스의 분배가 이루어지는 상태가 사회적 정의에 다가서게 만듭니다. 하지만 빈부 격차가 확대되고 빈자를 돕기 위한 방법을 동원하는 과정에서 사회적 정의는 새롭게 해석되는 경향이 있습니다.

그럼에도 자본주의 사회에서 사회적 정의를 실현하는 중심적인 도구는 가격이어야 하고 정부의 개입은 보조적이어야 합니다. 이런 원칙이 심하게 훼손되는 경우 처음의 의도와 달리 오히려 사회적 부정의가 확대되고 맙니다.

공의(정의)나 부정의를 명쾌하게 설명해 줄 수 있는 또 하나의 영역이 있습니다. 바로 개인의 신체입니다. 신체에 대한 사적 소유권처럼 명확한 것도 드물 것입니다.

이따금 성추문 같은 사건이 터질 때면 저는 그 사건을 공의나 정의의 문제로 생각해 봅니다. 누군가 나의 동의 없이 내 신체에 손을 대거나 나의 의도에 반하는 행위를 강제하는 일이 일어난다면 이는 명백하게 공의에 반하는 행위입니다. 나의 사적 재산권을 침해한 중대한 범죄이며 명백하게 부정의한 행동입니다.

『탈무드』는 공의로운 사람이라면 절대로 타인의 것을 임의로 취하지 않아야 한다고 강조합니다. 자본주의가 등장하기 훨씬 전에 『탈무드』는 문명을 가능하게 하는 결정적인 원칙을 천명한 것입니다.

어느 사회든 재산권이 허물어지면 쇠락의 길로 들어서게 됩니다. 『탈무드』는 이 세상에서 정말로 중요한 것이 무엇인지, 진정으로 공의로운 것이 무엇인지를 명쾌하게 가르쳐줍니다. 공의의 대표 사례로 재산권을 얼마나 중요하게 여기는지는 다음의 인용문에서 살펴볼 수 있습니다.

"네 자신의 재산처럼 이웃의 재산을 존중하라." —「피르케이 아보트」 2:17

"사악한 자는 '내 것은 내 것이고, 당신의 것도 내 것이다'라고 말한다."

—「피르케이 아보트」 5:13

세상을 떠받치는 기초에 관한 『탈무드』의 다음과 같은 말은 놀라울 정도로 선각자적인 주장입니다. "세상은 단 하나의 기둥인 공의 위에 서 있다."(「하기가」 12b)

11

누구에게나 행운의 총량은 정해져 있다

"불필요한 위험에 자신을 노출시키지 마라.
기적이 당신을 구해줄 수 없을지 모른다.
만일 기적이 일어난다면,
당신 몫의 행운의 일부가 차감되는 것이다."

유대 속담

사람마다 위험에 대한 감도나 선호도가 다릅니다. 예를 들어, 육체적인 위험을 감수하는 일에 거부감이 없는 사람들이 있지만 그런 위험에 대단히 민감하고 취약한 사람들이 있습니다.

암벽 등반이나 번지 점프 등에 열광하는 사람들이 있는 반면에 그런 것은 상상만 해도 오금이 저려 오는 사람들이 있습니다. 암벽 등반처럼 위험한 스포츠에서 짜릿한 즐거움을 누리는 사람들은 유전적으로 그런 운동을 특별히 선호한다고 할 수 있겠지요.

많은 사람들이 사업은 누구나 할 수 있다고 생각합니다. 하지만 저는 그렇게 생각하지 않습니다. 사업가들은 투자와 관련한 위험에 특별한 선호를 가진 사람들입니다. 그들은 끊임없이 위험을 감수하면서 새로운 일을 벌입니다.

그들도 사람이기 때문에 큰 투자를 하거나 사업적으로 모험할 때는 불안할 것입니다. 하지만 그들은 그런 불안감보다는 막대한 위험을 건 투자를 하고 그것이 성공했을 때 느끼는 희열이 훨씬 더 큰 사람들입니다. 그런 투자 위험을 감수하는 것이 그들의 타고난 기질의 한 부분이지요.

지식인들이나 사업가들 가운데에 특히 창의적인 사람들이 있습니다. 그들은 새로운 것을 만들어내는 데 따르는 위험을 특별히 선호합니다. 그들은 실패하면 어떻게 될까, 남들이 어떻게 생각할까 같은 두려움으로부터 상당히 자유롭습니다. 가보지 않은 길을 가는 데 익숙합니다.

이처럼 위험에 대한 선호는 다른 성격과 마찬가지로 타고나는 부분이 크다고 생각합니다. 그런 생각은 타인을 관찰하며 얻은 것이기도 하지만 제 자신의 경험을 통해서 갖게 된 것이기도 합니다.

저는 지적인 면에서 감당해야 하는 위험을 떠안는 데는 익숙합니다. 그래서 집필도 자기계발, 사회 평론, 그리스 철학, 『성경』 연구, 평전 등으로 계속해서 영역을 확장해 왔습니다. 스스로 '지적인 면으로는 대단히 용감하다'는 생각을 할 때가 적지 않습니다.

그런데 저는 육체적인 위험을 감수하는 데는 지나치다 할 정도로 보수적입니다. 소심하다고 하는 것이 더 적절할지도 모릅니다. 암벽 등반은 말할 것도 없고 산악자전거처럼 제가 감당할 수 없을 것 같은 운동에는 절대로 손을 대지 않습니다.

이런 경험들을 하면서 저는 사람마다 선호하는, 혹은 쉽게 감당하는 위험이 있고, 이는 타고나는 부분이 크다고 생각합니다.

사람들이 위험을 대하는 태도는 미시간대학교 교수였던 심리학자 클라이드 쿰즈(Clyde Coombs) 같은 학자들에 의해 이미 실증적으로 증명된 바 있습니다. 이는 세계적인 조직심리학자 애덤 그랜트의 저서 『오리지널스』에서 다음과 같이 소개합니다.

"사람은 한 분야에서 위험을 감수하면, 다른 분야에서는 신중하게 처신함으로써 위험을 상쇄시켜 전체적인 위험 수준을 관리한다."

예상되는 위험은 가능한 피하라

유대인들은 스스로가 하나님에게 선택받은 민족이라는 믿음을 갖고 있지만 현실 세계에서는 그 어떤 민족보다도 뛰어난 현실주의자들입니다. 위험에 대한 『탈무드』의 조언도 현실주의의 면모를 어김없이 발휘하고 있습니다. 기적을 믿고 위험한 결과를 낳을 가능성이 높은 일을 하지 말라고 충고합니다.

위험 가운데 많은 부분은 사전에 어느 정도 예상할 수 있습니다. 예를 들어, 눈이 얼어 길이 미끄러운 상태에서 운전해서 가야 하는 상황이라고 가정해 봅시다.

『탈무드』는 그럴 때면 자신에게 닥칠 수 있는 위험을 최대한 낮추라고 조언합니다. 그러나 그런 지혜를 무시하는 사람이라면 '별일 있겠어?'라고 생각하고 길이 미끄러운 상태를 개의치 않고 원래 계획대로 움직일 것입니다.

유대인 현자들의 조언은 위험이 예상된다면 가능한 한 그 위험에 노출되지 않도록 하라는 것입니다.

"사람은 자신을 위험에 내팽개쳐서는 안 되며, 기적이 일어나기를 기대해서도 안 된다." —「샤바트」32a

평소에 제가 스스로에게 자주 하는 이야기가 떠오릅니다. '지적으로 용감한 일은 목숨을 걸어야 할 필요는 없는 것 아닌가? 그러나 육체적으로 자신을 위험하게 하는 일은 목숨을 걸어야 할 수도 있다. 나는 그런 일은 절대로 하지 않을 것이다.'

물론 육체적인 위험을 별로 개의치 않고 그런 활동으로부터 즐거움을 누리는 사람들은 저의 이런 생각에 공감하지 못할 것입니다.

또한 『탈무드』에는 막연하게 '잘될 거야' 하는 생각을 갖고 철저하게 준비를 하지 않는 사람들에게 주는 경고성 지혜도 담겨 있습니다.

"기적에 대한 희망을 가질 수는 있지만, 그것에 의존해서는 안 된다."
—「메길라」7b

이에 대해 유대계 미국 소설가 메이어 레빈(Meyer Levin)은 "문제는 정면으로 부딪치고, 바르고 정당한 가르침에 근거하여 해결하되 기적이 도와주기만을 기다려서는 안 된다"는 설명을 더하였습니다.

희망과 낙관을 갖고 사는 것은 중요합니다. 하지만 위험을 예상하고 불필요한 위험에 노출되는 일을 줄이는 것은 그 못지않게 중요합니다.

중독의 씨앗을 심지 마라

"약물을 복용하지 마라.

약물은 습관이 되기 때문이다.

너의 마음이 그것을 원하게 될 것이고,

돈을 낭비하게 될 것이다.

의술로 사용하려 할 때도

다른 방법이 가능하다면 약물은 사용하지 마라."

「페사힘」 113a

'정말 대단하십니다!' 알고 지내는 한 분이 심각한 알코올 의존증에서 벗어난 경험을 사람들에게 털어놓았을 때 듣는 이들의 반응이었습니다. 그분은 자신의 극복 과정을 이렇게 들려주셨습니다.

"담배를 끊는 일도 어렵지만 술을 끊는 것은 담배를 끊는 것과는 비교할 수 없습니다. 병원에 입원하지 않고 술을 끊은 저를 보고 의사 선생님은 절대자의 도움 없이는 일어날 수 없는 일이라고 놀라워하셨습니다. 그 정도로 저는 심각한 상황이었습니다."

젊어서 담배를 끊어본 경험이 있는 저는 그분에게 진심 어린 찬사를 보내며 응원했습니다.

중독을 권하는 사회

중독은 참으로 벗어나기 힘든 병입니다. 그런데 우리가 살고 있는 자본주의 사회는 중독을 권하는 사회입니다. 자본주의 사회는 시장 중심 사회입니다. 재화와 서비스를 사고파는 것을 중심으로 세상이 돌아갑니다. 사람들은 어떻게 하면 좀더 잘 팔 수 있을까를 고민합니다. 잘 파는 방법 중에 으뜸은 고객이 중독 상태 혹은 준 중독 상태에 놓이게 만드는 것입니다.

'중독'이란 단어가 가진 부정적인 의미 때문에 사람들은 이 단어를 잘 사용하지 않습니다. 그러나 사실 우리가 직업 세계에서 하는 활동은 '어떻게 하면 고객을 만족시킬 것인가?' 나아가 '어떻게 하면 고객을 중독시킬 수 있을 것인가?'에 초점을 맞추고 있습니다.

중독이 처음부터 눈에 띄게 시작되는 것은 아닙니다. 작고 사소해 보이는 일이 반복되면서 습관이 되고 습관이 굳어지면서 중독이 됩니다. 『탈무드』는 습관의 중요성을 반복적으로 강조합니다. 어떤 사람의 기질이나 특성, 그리고 인격은 습관에 의해 결정되기 때문입니다.

알코올, 담배, 마약, 게임, 도박 등은 모두 중독성이 강한 것들입니다. 언젠가 미국의 평범한 중산층을 다룬 드라마를 본 적이 있습니다. 부인은 아침에 남편과 아이들을 직장과 학교로 보낸 후에 술을 조금씩 마시기 시작했는데, 결국 술에 중독되어 버립니다.

이후에 그녀의 가족이 극심한 어려움을 겪는 것을 보면서 연민과 공감을 느꼈습니다. 그런 일은 드라마 속의 이야기만이 아니기 때문입니다. 누구든 그런 중독 상태에 빠질 수 있습니다.

중독은 습관에 의해 형성되지만 일단 고지를 점령한 다음에는 중독 자체가 삶의 모든 것을 변화시켜 버립니다. 게임에 중독된 청소년들의 경우 뇌 구조가 변형된다고 할 정도로 중독은 막강한 영향력을 발휘합니다.

가끔 성공한 사업가들이 노년에 도박에 빠져서 가산을 탕진했다는 보도를 접할 때면, 인간이란 삶이 끝날 때까지 중독으로부터 자유로울 수 없구나 하고 생각합니다.

한편, 중독에도 두 가지가 있습니다. 위에서 말한 것은 파괴적인 중독이고, 건설적인 중독도 있습니다. 자신이 하는 일을 사랑한 나머지 푹 빠져 있는 사람들에게서는 진정성과 숙연함까지도 느낄 수 있습니다. 자신의 일에 몰입해서 살아가는 사람들에게서는 잔잔한 감동이 느껴집니다. 그들의 중독은 세상을 전진시키는 결실로 연결됩니다.

우리가 걱정하는 것은 파괴적인 중독입니다. 자신과 가족에게 타격을 주고 사회에 큰 부담을 안기는 중독으로부터 스스로를 어떻게 구할 수 있을까요?

모든 인간은 언제든 다양한 유혹에 무릎을 꿇을 수 있을 만큼 나약한 존재입니다. 그런 사실을 기억하고 중독될 가능성이 조금이라도 있는 활동과는 처음부터 거리를 두어야 합니다.

이처럼 중독의 가능성으로부터 자신을 멀리하는 방법이 최선입니다. '나는 다른 사람들과 달라. 나는 중독 같은 건 안 돼'라고 장담할 수 있는 사람은 없기 때문입니다.

앞의 인용문은 랍비 사무엘 벤 메이르(Samuel ben Meir)가 한 말입니다. 랍비 사무엘 벤 메이르는 중세 프랑스에서 활동했던 탁월한 율법학자 랍비 라시(Rashi)의 외손자입니다. 랍비 라시는『성경』과『탈무드』의 주석을 통해서 율법의 해석에 크게 기여한 사람이지만, 아이러니하게도 중독성이 강한 술, 포도주 무역을 해서 생활비를 벌었습니다.

비록 랍비 라시가 포도주 무역을 했지만 술에 중독되지 않도록 스스로 거리를 두었고, 그 무역으로 부를 축적한 다음 랍비 학교를 세워서 똑똑한 학생들을 무료로 교육시키기도 했습니다.

13

움직일 수 있을 때 최선을 다하라

"힘이 있는 동안 할 수 있는 일을 할지어다.
네가 장차 들어갈 스올에는
일도 없고 계획도 없고 지식도 없고
지혜도 없음이니라."

「전도서」 9:10

　「전도서」는 「잠언」 「아가서」와 함께 이스라엘 왕국의 3대
왕 중 한 사람인 솔로몬 왕의 저작물로 알려져 있습니다.

　히브리어로는 '코헬레스(Koheles)', 그리스어로는 '에클레시아스테스
(Ecclesiastes)'로 불립니다. '코헬레스'의 어원은 '모으다(To Gather)'이
며, 책 이름으로서 '코헬레스'는 '백성을 모으는 사람(The Gatherer)'을
뜻합니다. 한편으로는 다양한 지혜를 모은 책이라는 뜻에 바탕을 두고
'지혜를 모은 사람'을 뜻할 수도 있습니다.

　어떤 활동이든 살아 있는 동안에만 할 수 있습니다. 영원한 생명을

믿는 사람들의 생각은 다를 수 있지만, 대부분의 사람들에게 죽음은 활동의 중지 혹은 끝을 의미합니다. '힘이 있는 동안 할 수 있는 일을 할지어다'라는 말은 살아 있는 자들만 누릴 수 있는 특권인 '활동을 할 수 있는 능력'을 강조하고 있습니다.

앞의 인용문에 등장하는 '스올(Sheol)'은 죽고 난 다음에 사람들이 임시로 머무는 거처를 가리키는 『구약성경』의 명칭입니다. 『신약성경』에서는 '하데스(Hades)'라고 하며, 지옥, 음부, 무덤 등으로 번역됩니다. 이곳에는 당연히 일도, 계획도, 지식도, 지혜도 존재하지 않을 것입니다.

인간이 하는 활동은 몇 가지로 나눌 수 있습니다. 진지하게 하는 활동이 있고, 보통으로 하는 활동이 있으며, 대충대충 하는 활동이 있습니다. 무엇인가를 해야 한다면 늘 진지하게 해야 할 것입니다.

사람들이 흔히 하는 말 가운데 이런 것이 있습니다. '죽고 나면 그만인데, 살아 있는 동안 열심히 해야지?' 이런 말은 삶은 곧 활동이어야 하고, 그 활동은 진지한 활동이어야 함을 뜻합니다.

당신은 어떤 색깔을 지녔는가

여러 권의 책을 낸 저자이면서 뉴욕에서 프로그래머로 활동하고 있는 임백준 씨는 지금까지 함께 일했던 사람들을 파랑, 노랑, 빨강, 검정으로 나눕니다. 이는 프로그램 개발자들의 세계에만 적용되는 이야기가 아니라 대부분의 직업 세계에서 관찰할 수 있는 일입니다.

그는 파랑은 재능을 타고났고 노력까지 기울이는 사람, 노랑은 재능은 특별히 없지만 노력하는 사람, 빨강은 재능은 타고났지만 노력하지 않는 사람, 검정은 재능도 없고 노력도 하지 않는 사람에 비유합니다. 그리고 파랑색 사람들과 검정색 사람들을 《지디넷코리아》에 쓴 칼럼에서 다음과 같이 표현합니다.

"파랑은 프로그래밍에 대한 재능을 타고났으며 노력까지 기울이는 사람의 색이다. (……) 이들은 회사에서 일할 때만이 아니라 밥을 먹거나, 길을 걷거나, 차를 타거나, 친구를 만나거나, 심지어 잠을 잘 때에도 코딩 방법을 궁리한다. 진심으로 코딩이 게임이나 섹스보다 즐거운 사람들이다."

이와 달리 검정에 속하는 사람들은 정반대입니다.

"검정은 프로그래밍에 대한 재능이 없고 노력도 하지 않는 사람들이다. (……) 먹고살기 위해서 프로그래밍의 길로 들어서긴 했지만 제대로 하지 못하기 때문에 성취감도 없고, 새로운 것을 알고 싶은 욕망도 없다. (……) 다른 사람들이 새로운 기술이나 패러다임을 이야기하는 것을 들으면 잘난 척하는 것 같아서 기분이 나빠진다."

임백준 씨는 회사에서 만나는 프로그램 개발자들 중 파랑에 해당하는 사람들은 10퍼센트, 노랑에 해당하는 사람들이 30퍼센트, 빨강에 해당하는 사람들이 10퍼센트, 마지막으로 검정에 해당하는 사람들이 안타깝게도 50퍼센트에 달한다고 말합니다. 다른 세계에서도 각 유형의 비중은 비슷할 것입니다.

랍비 하페츠 하임(Chafetz Chaim)은 "인생에서 가장 큰 고통은 성취가 부족한 것이다"라는 말을 남겼습니다. 대다수 사람들이 세월이 가면서 공감하는 말일 것입니다. '아, 그때 좀더 치열하게 했어야 했는데……'라는 아쉬움만큼 가슴을 저미는 안타까움이 어디 있겠습니까?

살아 있는 동안 정말 열심히 살아야 합니다. 대충 살면 언젠가 반드시 뼈저린 후회를 낳는 청구서가 날아옵니다.

도전하고 싶었던 것에 도전을 해도 성취하지 못할 수 있습니다. 하지만 미적거리다가 흘려 보내버린 기회에 대해서는 나중에 후회가 물밀듯 닥칩니다. 할 수 있는 한 도전하고, 노력해야 합니다. 비록 실패하더라도.

14

결과는 사람이 어찌해 볼 수 없는 것

> "빠르다고 해서 경주에서 우승하는 것이 아니고,
> 강하다고 해서 전쟁에 승리하는 것이 아니며,
> 지혜를 가졌다고 해서 식량을 구하는 것도 아니고,
> 명철하다고 해서 재물을 얻는 것도 아니며,
> 기술을 가졌다고 해서 은총을 입는 것이 아니다.
> 시기와 기회는 모두에게 임함이니라."
>
> 「전도서」 9:11

사람들은 누구나 기대하는 결과가 있기 때문에 무엇인가를 열심히 합니다. 대부분이 인과관계에 대해 뿌리 깊은 믿음을 갖고 있습니다. 선행을 베풀면 좋은 일이 따라올 가능성이 높습니다. 열심히 노력하면 원하는 결실을 얻을 확률이 높아집니다.

가능성이나 확률 면에서 대체로 결과는 노력에 비례합니다. 그러나 그런 인과관계가 늘 성립하지는 않습니다. 그것이 삶의 불편한 진실입니다.

자신의 때가 언제 올지 모른다

중세 시대의 랍비였던 요셉 키미(Joseph Kimhi)는 "행함이 없는 지혜는 과일이 열리지 않는 나무와 같다"(「세켈 하코데시」 12C)라고 말했습니다.

이처럼 대체로 노력과 결과 사이에는 투입과 산출처럼 인과관계가 성립합니다. 하지만 삶은 늘 인과관계가 성립하는 것이 아니며 언제든 의외의 일이 일어날 수 있습니다.

앞의 인용문에 소개한 것처럼 『탈무드』는 삶의 의외성에 대해 이렇게 지적하고 있습니다. "시기와 기회는 모두에게 임함이니라." 여기서 시기 혹은 때는 우연과 동의어로 볼 수도 있습니다. 시기는 사람이 어찌해볼 수 없는 경우가 많습니다.

『탈무드』는 시기를 알 수 없는 인간의 모습을 이렇게 그리고 있습니다. "인간은 자신의 때가 언제 올지도 알지 못하나니, 물고기들이 재난의 그물에 걸리고 새들이 올무에 걸림 같이 인간들도 재앙의 날이 그들에게 홀연히 임하면 거기에 걸리느니라."(「전도서」 9:12)

인간은 어떤 활동을 할 때면 자신의 인지 능력을 최대한 발휘하려 노력합니다. 이성, 논리력, 추론 능력, 상상력 등을 총동원합니다. 그럼에도 '자신의 때가 언제 올지도 알지 못하나니' 같은 깨달음을 자주 얻게됩니다. 아주 열심히 했는데도 일이 틀어져버릴 수 있습니다.

유대인들은 신의 섭리를 믿는 사람들이었기 때문에 이를 우연이라기보다는 하나님의 섭리로 해석합니다. 우연으로 받아들이든 섭리로 받아들이든 노력해도 제대로 풀리지 않을 수 있는 게 우리들의 삶입니다.

이 글을 쓰기 바로 전에 저와 관계가 있던 한 기업이 금융권이 주도하는 워크아웃에 들어가게 되었다는 쓸쓸한 소식을 접했습니다. 원인이 무엇일까 궁금해서 관련 기사를 읽어보았습니다.

주력 사업이 사양화되면서 더 나은 기회를 찾기 위해 이것저것 새로운 사업에 도전했는데 그런 시도들이 좋은 성과를 내지 못하고 부채가 누적되어 결국 큰 어려움에 놓이게 된 것이었습니다.

그 기업의 경영자는 게으른 사람도 아니었고 멍청한 사람도 아니었습니다. 나름의 계획에 따라 열심히 했지만 기대하는 성과를 거둘 수 없었습니다.

『탈무드』는 노력은 열심히 해야 하지만 일의 마무리는 신에게 달려 있다는 시각으로 삶을 바라보고 있습니다. 우리는 보통 열심히 했지만 결과가 안 좋을 경우 '운이 나빠서'라고 표현합니다.

노력해도 기대한 결실을 얻지 못할 수 있다는 불편한 진실을 기억하세요. 그래야 실망과 충격이 덜할 것입니다. 그렇다고 노력하지 않으면 안 됩니다. 노력하지 않으면 성과를 거둘 기회 자체를 얻지 못할 테니까요.

나무를 위한 축복

어떤 사람이 배고픔, 갈증, 피로를 뚫고 사막을 지나고 있었습니다. 그러던 중 달콤한 과일이 잔뜩 열려 있고 넉넉한 그늘을 제공하며 아래로는 시원한 물이 흐르는 나무를 만났습니다. 그는 잠시 멈추어서 과일을 먹고 물을 마시고 그늘 아래에서 휴식을 취했습니다.

휴식을 취하고 떠나려다가 그는 나무를 보고 이렇게 말했습니다.

"나무여, 내가 당신에게 무엇으로 축복을 할 수 있겠습니까? '당신의 과일이 맛있을지어다'라고 축복해야 하겠습니까? 당신의 과일은 이미 맛이 있는데 말입니다.

'당신의 그늘이 풍부할지어다'라고 축복해야 하겠습니까? 당신의 그늘은 이미 풍부한데 말입니다.

'물이 당신 밑으로 흐를지어다'라고 축복해야 하겠습니까? 이미 물이 당신 밑으로 흐르고 있는데 말입니다.

내가 당신에게 축복할 수 있는 단 한 가지가 있습니다. 하나님이시여, 당신의 씨앗으로부터 자라나는 모든 나무들이 내가 혜택을 받은 이 나무와 같도록 해주십시오."

― 「타니트」 5b

어떻게 하면 마음의 평안을 찾고 넉넉한 마음을 갖고 살아갈 수 있을까요? 더 많은 돈과 더 높은 지위를 갖게 되면 그것이 가능해질까요? 언제 어디서나 자신뿐만 아니라 타인에게 빛과 같은 존재로 살아갈 수 있는 방법은 어떤 것이 있을까요?

『탈무드』에 등장하는 우화 「나무를 위한 축복」에는 '어떻게 살아야 하는가?'라는 근본적인 질문에 대한 답이 실려 있습니다.

「나무를 위한 축복」은 두 랍비가 만났다가 헤어질 때 한 랍비가 상대방에게 들려주는 이야기입니다.

3세기부터 4세기에 걸쳐 살았던 랍비 사무엘 벤 나흐만이 랍비 레비 이삭과 만났다 헤어질 때, 나흐만이 이삭에게 "나를 축복해 주세요"라고 부탁합니다. 그러자 랍비 이삭은 "당신의 요청과 비교할 수 있는 우화를 들려주겠소"라면서 위의 이야기를 들려줍니다.

이 우화는 시냇가에 있는 멋진 나무를 노래하는 「시편」의 말씀을 생각나게 합니다. 아무리 많은 변화를 겪더라도 변함없이 우리를 지켜주는 존재에 대해 노래하는 「시편」을 잠시 살펴보겠습니다.

"복 있는 사람은 시냇가에 심은 나무가 철을 따라 열매를 맺으며 그 잎사귀가 마르지 아니함 같으니 그가 하는 모든 일이 형통하리로다. 악인들은 그렇지 않음이여 오직 바람에 나는 겨와 같도다."(「시편」 1:3~4)

우리 모두는 이 땅에서 나그네들입니다. 이 세상에서 잠시 살다가 떠나는 존재들입니다. 모두가 앞서거니 뒤서거니 하며 이 세상에 왔다가 저세상으로 갑니다. 부자든 빈자든, 권력자든 시민이든, 어디서 무슨 일을 하며 살아가든 나그네의 삶을 살아간다는 데에는 차이가 없습니다.

✿ 나무나 씨앗 같은 존재

위의 우화에서 배고픔과 목마름과 피곤함을 느끼는 사람은 바로 우리를 가리킵니다. 인간이 추구하는 세속적인 목표들인 돈, 지위, 명성은 가득 차서 더 이상 필요하지 않은 상태에 이르게 할 수 없습니다.

아무리 가져도 부족한 것이 돈입니다. 권력도 마찬가지입니다. 가지면 가질수록 점점 더 커지는 것이 권력에 대한 욕구입니다. 돈에 대한 갈증, 권력에 대한 배고픔, 명성에 대한 목마름은 세상을 살면서 누구든 겪는 현상입니다. 그런 것들을 모두 내려놓고 사는 사람들도 있지만 매우 드문 일입니다.

이 세상에서 우리가 추구하는 것들은 아무리 채워도 채워지지 않습니다. 그런데 유대인들에게는 위의 우화 속 나무처럼 배고픔과 갈증과 피로를 해결해 줄 수 있는 게 있었습니다. 차고 넘칠 정도로 가득 자신을 채울 수 있는 그것은 무엇이었을까요? 그들이 구하는 모든 것을 제공하는 원천은 바로『구약성경』이 제공하는 말씀이었습니다.

모세 오경, 즉 토라가 제공하는 말씀과 이에 기초한『탈무드』가 유대인들에게는 오아시스이자 위의 우화 속 나무입니다. 혹은『구약성경』과『탈무드』에 기초해서 가르침을 전하는 랍비들이 나무였을 것입니다.

그들에게 토라는 '생명의 나무(The Tree of Life)'입니다. 세상이 아무리 요동치더라도 큰 나무는 변함없이 그 자리를 지키고 있습니다. 위 우화는 세상의 모든 것들이 변하지만『성경』말씀은 변하지 않는다는 유대인들의 믿음이 담긴 이야기입니다.

위 우화에서 '씨앗'은 무엇을 뜻할까요? 우선『성경』을 가까이하고 사는 모든 사람들을 뜻합니다.『성경』을 가까이하는 사람들은 선행을 널리 전하는 씨앗과 같은 역할을 합니다. 또한 말씀을 널리 전하는 씨앗과 같은 역할을 합니다.

'당신의 씨앗으로부터 자라나는 모든 나무들'이라는 표현처럼 우리 모두가 맛있는 과일과 시원한 그늘과 풍성한 물을 제공할 수 있는 큰 나무와 같은 존재가 될 수 있습니다.

씨앗은『구약성경』을 배우는 젊은 학자나 학생을 뜻할 수도 있습니다. 이들이 말씀을 세상에 널리 퍼뜨리고 선행을 널리 행할 수 있기 때문입니다.

세상을 살아가면서 우리가 많은 것들을 누리는 것은 앞서 간 수많은 세대들의 희생과 헌신, 노고를 누리는 것입니다. 바쁘게 가던 길을 멈추고 잠시 주위를 둘러보면 작은 것들 속에서도 역사의 연속성을 느낄 수 있습니다. 우리 세대가 잘나서 이렇게 잘 먹고 잘 사는 게 아닙니다.

세상을 살아가는 사람들 가운데 더 많은 사람들이 자신과 가족뿐만 아니라 자신이 속한 조직과 나라, 그리고 세상에 과일과 그늘과 물을 제공하는 원천이 되기로 결심하고 실천하며 살아갈 수 있습니다. 그런 고결한 목표를 갖고 현재를 바라보면 불평이나 불만 같은 사소한 것들은 사라질 것입니다.

❧ 자신이 누린 축복을 되돌려줄 줄 아는 사람

위의 우화를 통해 감사와 축복에 대해서도 생각해 볼 수 있습니다. 한 사람이 우연히 만난 큰 나무의 과일과 그늘과 물을 통해 자신이 큰 복을 받았음을 깨우칩니다.

자신이 누린 것을 행운으로 생각하고 그냥 갈 수도 있습니다. 하지만 그는 자신이 복 받은 자임을 인지하고 자신이 받은 복을 갚기 위해서 큰 나무에게 축복을 해줍니다.

여기서 인간의 마음에 대해 생각해 볼 수 있습니다. 자신이 복을 받았다고 인지하는 마음이라면 그것을 누구에게나 무엇에게 되돌려줄 때까지는 안식을 얻을 수 없을 것입니다. 누구에게 말이나 글로, 그리고 자선이나 선행으로 복을 전해야만 평화를 얻을 수 있습니다.

여기서 인간의 본성을 이루는 심성들 가운데 '자기중심성(self-centeredness)'과 '이기심(selfishness)'을 구분해서 생각할 필요가 있습니다.

위의 우화에서 길을 가던 사람은 자신의 이익을 위해 과일과 그늘과 물을 취합니다. 자기를 중심으로 사물을 받아들이고 행동한다는 점에서 그는 자기중심성에 따라 행동하고 있습니다.

우리도 그와 같은 상황에 있었다면 그렇게 행동했을 것입니다. 사람은 누구나 자기중심성이 깊이 내장되어 있는 존재이기 때문입니다. 우리가 경험하고 생각하고 행동하는 모든 것들은 자기중심성에 바탕을 두고 있습니다.

하지만 우화 속 사람은 '자기중심성'이 '이기심'이라는 바람직하지 못한 방향으로 발전하는 것을 막을 수 있는 지혜가 있었습니다. 그는 자신의 이익을 구한 후 그냥 가버리지 않았습니다. 다른 사람들도 자신처럼 이익을 누릴 수 있도록 복을 구하였습니다.

이런 점은 유대인 현자인 힐렐의 다음과 같은 말을 떠올리게 합니다. "내가 나 자신을 위하지 않는다면 누가 나를 위하겠는가? 그러나 만일 내가 내 자신만을 위한다면 나는 누구인가? 지금이 아니라면 내가 언제 다른 사람을 위할 것인가?"(「피르케이 아보트」 1:14)

3장

삶의 반석은 가정 위에 세워진다

"아름다운 아내는 행복을 가져다 줄 뿐만 아니라
남편의 삶을 두 배로 늘려준다."

「예바모트」 63b

1

아름다운 아내는 남편의 영혼을 키운다

> "부부가 서로 사랑했을 때는
> 칼끝에서도 잠을 잘 수 있었지만,
> 사이가 좋지 않은 지금은
> 큰 침대에서도 잠을 청할 수 없다."
>
> 「산헤드린」 7a

제가 신혼살림을 하던 곳은 약간 지대가 높은 곳이었습니다. 바로 밑에는 상당한 부잣집이 있었는데, 우리 집에서는 그 집이 먼발치로 내려다보였습니다. 큰 대문으로 자가용이 드나들 정도였으니 당시만 해도 대단한 부잣집이었습니다.

하지만 그 집에서는 사흘이 멀다 할 정도로 큰 소리가 나는 싸움이 일어나곤 했습니다. 우리 부부는 '저렇게 잘사는데 왜 자꾸 싸울까?' 하고 궁금했습니다.

사랑하는 두 사람이 서로 껴안고 잠을 청하면 한두 평 정도로도 충분합니다. 월세 단칸방이라도 충분합니다. 반면 궁궐 같은 집에 살더라도 부부가 공동의 목표를 위해 헌신하리라는 결의와 상대방에 대한 믿음이 없으면 행복이 함께할 수 없습니다.

사랑은 상대를 위해 헌신하고 싶어지는 것

배우자를 선택할 때 이런저런 조건들을 고려하면 안 된다고 말하고 싶지는 않습니다. 하지만 그 어떤 조건보다도 두 사람이 잘 맞아야 하고 상대방을 사랑하는 마음이 있어야 합니다. 상대를 사랑하면 자신보다 상대방을 더 생각하게 되고 상대방을 위해 헌신하고 싶은 마음이 생깁니다.

부부 두 사람이 모두 직업을 갖고 있는 경우라면 서로를 배려해야 합니다. 어느 쪽도 커리어를 조금도 양보하지 않으려고 하면 결혼에 균열이 생길 수도 있습니다.

이때 상대방보다 반보 뒤에 서리라고 결심하도록 만드는 것이 부부간의 사랑입니다. 공동의 목표를 성취하는 데 필요하다면 한 사람은 속도를 조금 늦출 수 있어야 합니다. 아니, 자연스럽게 그런 생각이 듭니다. 사랑하기 때문입니다.

유대 사회는 가부장적인 성격이 강한 사회였기 때문에 자신에게 잘 맞는 아내가 남편에게 어떤 긍정적인 효과를 미치는지에 대한 이야기가 자주 등장합니다.

"아름다운 아내는 남편의 정신세계를 넓혀준다." - 「베라코트」 57b

"아름다운 아내는 행복을 가져다줄 뿐만 아니라 남편의 삶을 두 배로 늘려준다." - 「예바모트」 63b

여기서 아름다운 아내는 '현명한 아내'로 봐야 할 것입니다. 현명한 아내는 남편이 큰 꿈을 갖도록 도와주고 그 꿈을 향해 용기를 갖고 전진할 수 있도록 유도할 수 있는 사람입니다. 그리고 어려움이 닥쳤을 때도 남편이 어려움을 잘 헤쳐나갈 수 있도록 용기와 지혜를 주는 사람입니다.

우리는 누군가의 선한 태도나 마음가짐, 그리고 고결한 목표에 감동받으면 기꺼이 나서서 그를 돕습니다. 부부 사이도 마찬가지입니다.

『탈무드』는 아내로부터 존경과 신뢰를 받을 자격이 있는 남편이 아내의 도움을 받아 큰일을 할 수 있음을 이렇게 말합니다. "남편이 그럴 만한 가치가 있는 사람이라면 아내는 남편을 도울 것이다. 그렇지 않다면 아내는 남편에게 반기를 들 것이다."(「예바모트」 63a)

반면에 악한 아내가 남편에게 미치는 악영향에 대해 지나치다 할 정도로 가혹한 표현도 등장합니다. "사악한 아내는 남편에게 문둥병과 같다."(「예바모트」 63b)

13세기 초엽 스페인에 살았던 유대인 시인이자 의사, 풍자 작가였던 조셉 자바라(Joseph Zabara)는 "나쁜 아내를 제외하면 세상의 모든 것에는 끝이 있다"라고 말하기도 했습니다.

이 글을 쓰는 동안 제 아내와 함께 부부에 대해 대화를 나누었습니다. 아내가 이런 말을 했습니다. "이 세상에 남편을 들들 볶는 여자들이 얼마나 많은 줄 아세요?" 아내의 말을 듣고 보니 헤어지지 않는 한 그런 일이 계속될 수밖에 없다면 얼마나 딱한 일일까요.

유대계 인물로서 세계적인 전자 악기 연주자이자 혁신의 아이콘이었던 새뮤얼 호프먼(Samuel Hoffman)은 이렇게 말합니다. "한 남자를 바보에서 벗어나게 하는 여자가 있는 반면에 똑같은 남자를 바보로 만들어버리는 여자도 있다."

이 글을 읽는 분들 가운데 미혼 남성들은 눈에 보이는 것에 현혹되지 않도록 조심해야 합니다. 잘 맞지 않고 현명하지 못한 아내를 만나는 일은 인생에서 피해야 할 일 가운데 한 손에 꼽을 정도로 상위에 해당한다는 사실을 명심해야 합니다.

아내의 조언을 듣기 위해서는 무릎을 꿇어라

> "세상일에서든 집안일에서든
> 아내의 조언을 들어야 한다."
> "아내의 키가 작다면
> 무릎을 꿇고 그녀의 조언을 들어라."
> "집에 깃드는 모든 축복은 아내로부터 비롯된다."
>
> 「바바 메치아」 59a

'그 사람을 가까이 하지 말라는 아내의 조언을 들었더라면 화(禍)를 피할 수 있었을 텐데……'

여자들은 남자들이라면 무심코 넘길 일에서 예리하게 어떤 징후를 찾아내는 능력이 있습니다. 현명한 남편이라면 아내의 이런 능력을 인정하고 충분히 활용할 수 있어야 합니다.

서로 신뢰하는 부부라면 아내만큼 남편을 챙기는 사람은 없을 것입니다. 가정의 현재와 미래는 자신의 남편이자 아이들의 아버지가 얼마나 잘하느냐에 좌우되는 경우가 많기 때문입니다.

아내와 남편의 관계를 흥미롭게 표현한 말이 있습니다. '아내는 남편의 경력과 성공에 막대한 지분을 투자한 지배 주주다.' 따라서 아내는 남편에게 해를 끼칠 수 있는 인물을 찾아내는 데 적극적입니다. 이런 아내는 세상의 그 어떤 사람보다도 남편을 보호하는 데 큰 힘이 될 수 있습니다.

사익을 취하기 위해 남편에게 접근하는 사기꾼이 있다고 가정해 보세요. 사람을 잘 믿는 남편이라면 그런 사기꾼에게 넘어갈 가능성이 높습니다. 그런데 아내는 그 사람이 사기꾼이라는 징후를 간파하는 경우가 많습니다. 여성들이 갖고 있는 특유의 감각이자 본능 덕분이지요.

부부 관계도 늘 노력해야 한다

주변에 물질적으로 크게 성공했음에도 부부 관계가 원만하지 못한 사람들이 있습니다. 부부 사이는 타인이 이해할 수 없는 부분들이 적지 않기 때문에 제3의 인물이 판단하기가 쉽지 않습니다.

그러나 부부 사이도 기본적으로는 사람들이 일반적으로 맺는 인간관계와 크게 다를 바가 없습니다. 서로 간에 굳건한 신뢰가 있어야 하고, 책임을 다할 수 있는 능력이 있어야 하고, 일정 수준 이상의 대화가 있어야 합니다. 오히려 이런 부분들은 더 필요로 하는 사이이지요.

직장에서도 상사가 자신의 맡은 역할을 제대로 수행하지 못하고 공과 사를 구분하지 못하면 신뢰를 잃어버리게 됩니다. 신뢰를 잃으면 무슨 말을 하더라도 부하들의 공감을 얻기 힘듭니다. 부부 사이도 마찬가지입니다.

사람 사이에 대화가 없으면 오해가 생기게 됩니다. 일방적인 명령이나 지시에 익숙한 상사와 부하 사이에는 좋은 관계가 만들어지기 힘듭니다. 마찬가지로 부부 사이에도 친밀한 관계를 맺는 데는 대등한 입장에서 진지하고 솔직하게 나누는 대화가 필수적입니다.

"아내의 키가 작다면 무릎을 꿇고 그녀의 조언을 들어라"라는 『탈무드』의 조언은 부부 관계도 노력해야 함을 뜻합니다. 세상에 귀한 것 치고 노력 없이 얻을 수 있는 게 있습니까? 하지만 주위를 보면 부부 관계에 관한 한 의외로 별 노력이 없는 사람들이 많습니다.

사람들은 노력하면 금방 성과가 나는 일에 매진하는 경향이 있습니다. 하지만 부부 관계는 업무와 달리 당장 성과가 나지는 않습니다. 비교적 긴 시간을 두고 성적표를 받게 됩니다. 현명한 사람은 단기 효과와 장기 효과를 모두 염두에 둡니다.

현명한 남편은 열심히 일을 하면서도 중장기적으로 효과를 낳는 부부 관계에도 적절한 시간과 에너지를 투입합니다. '바빠서 신경 쓸 겨를이 없다'는 말은 정직한 표현은 아니라고 생각합니다. 오히려 '부부 관계는 귀한 시간을 들이기에는 우선순위가 높지 않다'는 말이 더 솔직한 이야기일 것입니다.

남편이 아내의 조언을 반드시 들어야 할 이유는 없습니다. 모든 아내가 현명한 조언을 할 수 있는 능력이 있거나 그럴 입장에 있는 것은 아니기 때문입니다. 그러나 중요한 의사결정을 내릴 때 다양한 그룹으로부터 의견을 청취하는 것처럼 아내의 의견도 들어야 합니다.

현명한 사람은 어떤 의사결정을 할 때 특정인의 조언에만 의존하지 않습니다. 다양한 사람들로부터 의견을 청취함으로써 의사결정의 정확도를 높이려 합니다. 마찬가지로 함께 가정을 이끌어가는 동료이자 가장 확실한 자기편인 아내의 의견도 들어야 합니다.

『탈무드』가 아내의 조언을 청취하라고 권하는 데는 더 근본적인 이유가 있습니다. 여자만의 고유한 특성이 현명한 의사결정을 도울 수 있기 때문입니다. 여자들은 남자들에 비해 인물이나 사물을 섬세하게 바라보는 속성을 갖고 있습니다.

『탈무드』는 여성의 뛰어난 분별력을 타고난 능력으로 간주합니다. "여자는 남자보다 이방인을 더 빨리 알아본다"(「베라코트」 10b)라고까지 이야기하고 있습니다.

이는 경험 지식과도 일치합니다. 부부가 함께 어떤 사람을 만났을 때 남자들은 그 사람의 섬세한 부분까지 알아차리는 경우가 흔치 않습니다. 그러나 아내는 분위기나 한두 마디 말에서 그 사람의 특성과 속내를 간파하는 능력이 있습니다.

『탈무드』는 여성의 이런 능력에 대해 이렇게 이야기합니다. "하나님은 남자보다 여자에게 더 많은 이해력과 분별력을 주었다."(「니다」 45b)

물론 여성들이 모든 경우에 남성들보다 뛰어난 것은 아닙니다. 남성에 비해 달콤한 분위기에 취약한 여성들이 사기 사건에 연루되는 경우가 종종 있습니다.

그리고 사랑에 빠지면 여성 특유의 변별력이 작동하지 않습니다. 상대방 남자가 자신을 진정으로 사랑하는지 사랑하는 것처럼 속이는지를 분간하는 능력은 다소 떨어집니다. 때문에 많이 배운 여성도 사랑에 관한 한 얼토당토않은 결정을 내려서 바람직하지 못한 길로 들어서는 일들이 생깁니다.

어쨌거나 여성의 변별력에 관한 한 사랑과 관련되지 않는 곳에서 눈부신 실력을 발휘한다는 점을 잊지 않아야 합니다.

3

나이가 들어도 아내는 여자

"여성은
육십이 되어도
여섯 살 소녀처럼
춤추기를 원한다."

「모에드 카탄」 9b

　　여성이란 존재는 어떤 특성을 갖고 있을까? 『탈무드』는 여성들이 갖고 있는 특성에 대해서 여러 곳에서 상세히 설명하고 있습니다.

　　『탈무드』가 여성에 대해 자세히 다루는 이유는 무엇일까요? 남성들에게 여성을 이해시킬 필요가 있기 때문입니다. 그리고 남편들에게 아내를 이해시킬 필요가 있기 때문입니다. 남편들이 아내의 특성을 잘 알고 행동해야 좋은 가정을 만들 수 있고, 나아가 좋은 가정은 성공적인 삶에 매우 중요하기 때문입니다.

저도 살아보니 '자식보다 악처가 낫다'는 옛말이 나온 이유를 충분히 짐작할 수 있습니다. 아무리 자식이 아버지에게 잘하고 아내는 그렇지 않더라도 결정적인 순간에는, 그리고 장기적으로 보면 아내가 낫다는 이야기입니다. 악처라도 함께 사는 편이 낫다는 말입니다.

이처럼 세상의 많은 관계 중에서도 부부 관계처럼 중요한 것도 흔치 않습니다. 남편에게는 아내가 누구보다도 중요하지요.

그래서일까요? 『탈무드』에는 아내가 없는 남자의 상태를 묘사한 이야기들이 자주 나옵니다. "아내가 없는 남자에게는 좋은 일도, 도움도, 기쁨도, 축복도, 속죄도 없다" "아내가 없는 사람에게 평화는 없다."(「창세기 주해서」 17:2)

도움도 받을 수 없고, 기쁨도 평화도 축복도 없고, 죄를 지어도 속죄도 할 수 없다니 정말 불행한 삶이 아닐 수 없습니다.

누구보다 먼저 이해해야 할 사람, 아내

그토록 중요한 아내와 좋은 관계를 유지하려면 아내가 어떤 사람인지 잘 알아야 합니다. '지피지기면 백전백승'이란 말이 있지 않습니까.

아내는 무엇보다도 여성입니다. 여성에 대해 지나치게 일반화하지 않도록 주의해야겠지만, 『탈무드』가 제공하는 여성에 대한 지혜는 참고할 가치가 있습니다.

여성들은 남성들에 비해 꿈꾸기를 좋아하고 낭만적인 것에 약합니다. 나이가 육십인 여성이 여섯 살짜리 소녀처럼 춤추고 싶어 한다는 말에는 꿈과 낭만과 관련한 여성들의 특성이 고스란히 담겨 있습니다. 남편들은 아내가 여자인지라 세월이 가더라도 로맨틱한 것을 좋아한다는 사실을 잊지 않아야 합니다.

결혼 적령기라는 용어에 거부감을 느낄 수도 있지만 통념에 비추어 결혼해야 할 때가 있는 것은 사실입니다. 그런데 나이가 꽤 든 여성들도 젊어서처럼 '백마 탄 왕자'를 기다리는 경우를 볼 수 있습니다. 그리고 젊어서처럼 괜찮은 남자가 자신에게 호감을 가질 거라는 생각에 쉽게 젖는 경우가 있습니다. 질이 좋지 않은 남자들은 여성이 가진 이런 낭만적인 특성을 악용하기도 합니다.

아울러 남성들은 필요한 말만 하는 데 익숙하지만 여성들은 서로 이야기를 나누는 것 자체를 좋아합니다. 이는 오랜 기간 육아와 출산 과정에서 서로를 돕는 일이 필요했던 환경이 만들어낸 특성인지도 모릅니다. 『탈무드』에서도 여성들의 그런 특성을 이렇게 지적합니다. "여성들은 남성들보다 말이 많다."(「베라코트」 43a)

웃어넘길 것이 아니라 이 말이 남성들에게 주는 교훈에 주목해야 합니다. 아내와 좋은 관계를 유지하기 위해서는 무엇보다 대화가 필요하다는 것입니다. '그런 시시콜콜한 이야기까지 나눌 필요가 있을까?' 하는 생각은 실용적인 관점에서는 옳을 수도 있습니다. 그러나 이 세상이 반드시 실용성에 의해서만 돌아가는 건 아닙니다.

『탈무드』가 언급하는 여성들의 특성 가운데에는 두세 가지 일을 동시에 진행할 수 있는 능력도 있습니다. "여성은 동시에 두 가지 일을 할

수 있다. 즉 물레를 돌리며 수다를 떨 수 있다."(「메길라」 14b)

대체로 남성들은 한 가지 일에 집중하면 다른 일을 동시에 진행하는 것을 힘들어 합니다. 하지만 여성들은 몇 가지 일을 동시에 진행하는 데 익숙합니다. 쉬운 일은 아니지만 아이를 키우고, 가사를 돌보고, 일을 하는 것처럼 동시에 여러 가지 일을 하는 데 익숙한 사람들이 여성들입니다.

『탈무드』에는 현대의 시각으로 보면 성차별적인 표현들도 등장합니다. 여성들에 대한 다음과 같은 표현이 그런 사례에 속할 것입니다. "여성들은 남성들에 비해서 더 경박한 편이다."(「샤바트」 33b)

이 말을 나쁜 뜻이라기보다는 '격식을 따지지 않는다'는 긍정적인 의미로 받아들일 수도 있습니다. 여성들은 남들과 쉽게 친구가 됩니다. 남자들은 그렇게 하기가 어렵습니다. 어디서든 위계질서를 생각하는 데 익숙하기 때문입니다.

점점 노령화되어 가는 사회를 보면서, 노령화 시대에는 단연코 남성들보다 여성들의 행복 지수가 더 높아질 거라는 생각이 듭니다. 여성들은 쉽게 친구를 만드는 능력이 있기 때문입니다. 외로운 별과 같은 남자들과는 너무나도 다른 특성입니다. 그런 여성들의 특성은 남자들도 배우려고 노력해야 하지 않을까요?

4

장모는 아내의 미래

> "아키바의 딸도 남편 벤 아자이에게
> 엄마가 했던 것과 똑같이 했다.
> 그것은 다음과 같은 속담을 떠올리게 한다.
> '양이 다른 양을 따라가는 것처럼,
> 딸은 엄마를 따라간다.'"
>
> 「케투보트」63a

　　'어떻게 그렇게 용감할 수 있었을까?' 젊은 날 아내를 선택한 일을 떠올리면 놀랍습니다. 나름의 뚜렷한 기준이 있었던 것도 아닌데 '저 사람하고 결혼해야겠다'고 결심하고 과감하게 실행에 옮긴 점은 대단히 용기 있는 행동이었습니다.

　　결혼을 바라보는 사람들의 시각이 점점 변하고 있기 때문에 전통적인 형태의 결혼이 앞으로도 존속할 수 있을까 걱정하는 사람들도 있습니다. 제 생각도 그렇습니다. 전통적인 결혼 방식과 결혼에 대한 인식이 상당 부분 흔들릴 것입니다. 결혼하는 연령이나 결혼식을 하는 방식, 결혼 후의 생활 방식 등도 예전과는 달라질 것입니다.

그리고 우리 사회에서도 '결혼하셨습니까?' 혹은 '아이가 몇입니까?' 같은 사적인 질문을 던지는 것이 금기시되는 때가 멀지 않을지 모릅니다.

결혼, 인류를 보존하는 기본적인 시스템

세상의 모든 계약이 점점 짧아지고 있습니다. 고용 계약만 하더라도 점점 단기화되어 가고 있습니다. 이는 환경 변화의 탓도 있지만 책임 의식과도 깊은 관련이 있지 않을까 합니다.

결혼은 한 인간이 다른 사람과 맺을 수 있는 가장 긴 계약에 해당합니다. 장기를 넘어서 초장기 계약이라 불러도 무리가 없을 것입니다. 평균수명이 길어지는 추세를 생각하면 최대한 60~70년간 서로 의무와 책임을 다해야 하는 것이 결혼입니다.

점점 더 많은 젊은이들이 결혼을 필수가 아니라 선택 사항으로 생각하고 있습니다. 거기에는 어느 정도 일리가 있습니다. 경제적으로 점점 힘들어지는 시대에 결혼은 여러 가지 면에서 부담스러운 일일 수 있기 때문입니다. 그런 사고가 옳은지 아닌지를 여기서 판단할 생각은 없습니다. 단지 이해할 수는 있습니다.

결혼관이 아무리 변한다고 해도 여전히 결혼은 이 세상을 지탱하고 인류를 보존하는 가장 기본적인 시스템입니다. 그리고 세상이 변해도 인간의 본성은 크게 변하지 않는다는 사실을 염두에 두면 결혼에 대한

『탈무드』의 지혜를 들어보는 것도 도움이 될 것입니다.

    "아내가 없는 유대인은 삶에서 평화를 누리기 힘들다." ―「예바모트」 63b

    결혼해서 사는 것의 중요성과 가치를 강조하는 말입니다. 물론 사람에 따라 다른 견해를 가질 수 있겠지만, 결혼이 삶에 안정감과 헌신해야 할 대상을 제공한다는 점을 강조하고 있습니다.

    『탈무드』는 욕망과 관련해서도 구체적인 점을 들어서 결혼의 필요성을 강조합니다.

    "아내는 남편을 죄로부터 구해준다." ―「예바모트」 63b

    행복한 결혼생활이 삶에 얼마나 큰 기쁨을 제공하는지에 대해서도 솔직한 이야기를 들려줍니다. 앞에서도 소개한 바 있는 말입니다. "아름다운 아내는 행복을 가져다 줄 뿐만 아니라 남편의 삶을 두 배로 늘려준다."(「예바모트」 63b)

자녀는 점점 부모를 닮아간다

    이처럼 한 사람의 인생에서 결혼과 배우자의 존재는 중요합니다. 그렇다면 좋은 배우자는 어떻게 찾을 수 있을까요?

점점 삶이 팍팍해지고 물질의 중요성이 날로 더해가는 이 시대에는 물질이 모든 의사결정의 중심을 차지하는 경향이 있습니다. 그래서 남자든 여자든 배우자를 구하는 조건으로 상대방의 경제적인 형편과 능력을 최우선으로 여기는 경우가 많습니다. 그러나 그런 기준은 잘못된 선택을 이끌 위험이 있습니다.

『탈무드』는 젊은이가 아내를 구할 때 참고할 만한 실용적인 조언을 제공합니다. 앞에 소개한 인용문은 랍비 아키바와 그의 아내, 딸의 이야기에서 나온 것입니다. 랍비 아키바는 아내의 동의하에 24년간 집을 떠나 아카데미에 머물며 공부를 하고 돌아왔습니다. 아키바의 아내는 24년 동안이나 홀로 가정을 지키고 자녀들을 키우며 남편이 뛰어난 인물이 되는 데 헌신한 것입니다.

아키바의 딸 역시 어머니와 똑같이 남편을 위해 헌신했습니다. 좋은 아내였던 어머니에게서 좋은 아내의 모습을 배웠다는 이야기입니다.

이처럼 어머니를 보면 딸의 미래를 가늠해 볼 수 있으니 아내를 구할 때는 반드시 딸의 어머니를 유심히 본 다음 결정하라고 조언합니다. 사실 우리 사회에도 '장모를 보면 아내의 미래를 볼 수 있다'는 이야기가 전해 내려옵니다.

결혼이 한 개인이 맺을 수 있는 가장 오랜 시간에 걸친 계약임을 염두에 둔다면 여성의 현재 모습만·볼 것이 아니라 그녀의 어머니의 모습에서 미래를 전망해 보는 일은 분명 가치가 있을 것입니다. 실제로, 시간이 흐르면서 딸이든 아들이든 점점 부모의 모습을 따라간다는 생각이 들 때가 많습니다.

어떤 사람이 좋은 사람인가 아닌가를 판단하고 싶다면 그 사람의 입을 믿으면 안 됩니다. 말은 순식간에 만리장성도 쌓을 수 있기 때문입니다. 상대방이 그동안 걸어온 길을 살펴보고 그가 이루어낸 성취를 점검해 볼 필요가 있습니다.

마찬가지로 그 사람의 부모가 걸어온 길이나 됨됨이를 살펴보면 배우자 선택에 도움이 될 수 있습니다. 이런 면에서 '딸은 엄마를 따라간다'는 『탈무드』의 지혜는 새길 만한 가치가 있습니다.

유쾌한 이혼

시돈에 사는 한 남성은 10년 동안 아내와 결혼생활을 해왔다. 하지만 그들 사이에는 자식이 생기지 않았다. 그는 아이를 가져야 한다는 의무로부터 자유로울 수 없었다.

그래서 그는 이혼하기로 결정하고 부부가 결혼할 때 축복해 주었던 랍비 시몬 바 요차이(일명 라시비)를 찾아갔다.

랍비 라시비는 그에게 말하였다. "내가 당신들의 결합을 기쁜 마음으로 축하하였듯이 당신들의 헤어짐도 기쁜 마음으로 축하할 수 있어야 한다고 생각합니다."

남편은 성대한 축하연을 준비하였다. 그리고 아내를 초청하여 이렇게 말했다. "내 딸이여, 갖고 싶은 것이 있다면 무엇이든 선택하라. 어떤 것도 거절하지 않을 테니."

이 말을 들은 아내는 남편에게 "정말 무엇이든 선택해도 되나요?"라고 물었고, 남편은 "그렇다"고 힘주어 확인해 주었다.

아내는 남편에게 많은 포도주를 권하였고, 남편은 취하여 침대에 누웠다. 아내는 하인에게 지시하여 남편을 그녀 아버지의 집으로 옮기도록 조치하였다.

다음 날 아침 남편은 잠에서 깨어 자신이 장인의 집에 있음을 알았다. 남편은 "누가 나를 이곳에 데려왔나?"라고 아내에게 물었다. 그러자 아내가 대답하였다.

"당신은 내가 원하는 것이라면 무엇이든 가질 수 있다고 하셨죠? 나는 금도 은도 진주도, 그 어떤 귀한 보석도 원하지 않아요. 내가 원하는 것은 당신뿐이에요. 당신이야말로 내가 원하는 유일한 것이에요."

남편은 아내의 이야기를 듣고 감동을 받았고, 그들은 함께 랍비 라시비를 다시 찾아갔다. 라시비는 그들이 아기를 갖도록 하나님께 기도하였다. 마침내 하나님은 그들을 축복하고 자식을 주었다.

— 「아가 주해서」 1:4:2

갖고 싶은 것이 여러 가지가 있을 때, 몇 가지나 가지면 만족할 수 있을까요? 꽤 많은 것들을 갖고 있음에도 불만이 생기면 어떻게 해야 할까요? 위에 소개한 우화 「유쾌한 이혼」은 그런 질문들과 관련하여 여러 가지를 생각해 볼 수 있게 해줍니다.

부부가 서로 사랑하면 아이가 없어도 괜찮지 않겠느냐는 것이 많은 현대인들의 생각입니다. 당연한 이야기입니다. 그런데 과거 유대 사회에서는 10년 동안 결혼생활을 하였음에도 아이를 낳지 못하면 남편은 아내와 이혼하도록 했습니다. 관습법에 의하면 아이를 갖는 것은 결혼한 남자의 의무 가운데 하나였습니다. 물론 이런 관습에 대해서 다르게 해석하는 랍비들도 있습니다.

✤ 부부 사이의 깊은 사랑

위 우화에서 남편이 아내에게 하는 '무엇이든 가지라'는 말에 주목하시기 바랍니다. 이렇게 자기가 가진 모든 걸 주겠다는 것은 삶이 거의 다한 사람이나 할 수 있는 이야기가 아닐까요?

우화 속 남편은 관습 때문에 아내와 이혼해야겠다는 결론을 내리지만, 아내를 사랑한 나머지 죽음을 앞둔 사람과 같은 감정 상태에 빠져 있는 듯합니다. 아내와 헤어져야 한다는 사실 때문에 마음이 산란하여 자신이 소유한 그 어떤 것도 아무런 가치가 없다고 느끼고 있는 것 같습니다.

아내에 대한 남편의 사랑을 확인할 수 있는 부분이 또 있습니다. 아내를 '딸'이라고 부르는 부분입니다. 남편이 아내를 사랑하는 데에는 여러 가지 이유가 있을 수 있지만, 아버지가 딸을 사랑하는 데에는 아무런 이유가 없습니다. 부모가 자식을 어떤 조건이나 이유 때문에 사랑하는 것은 아닙니다. 자식을 있는 그대로 사랑하는 것이 부모입니다.

"내 아내여"라고 부르지 않고 "내 딸이여"라고 부른 데서 아내에 대한 남편의 깊은 사랑을 확인할 수 있습니다. 랍비는 처음부터 두 사람이 깊이 사랑하고 있음에도 아이를 낳아야 한다는 의무를 다하지 못해서 이혼해야 하는 상황에 처한 것을 충분히 이해하고 있었던 게 아닐까 합니다.

✤ 사랑과 조건 사이에서 흔들릴 때

위의 우화는 우리가 삶에서 만나는 여러 가지 선택의 순간에 대해서 시사하는 바가 큽니다. 우화 속 남편은 사랑과 의무 사이에서 갈등합니다. 잠시 동안 의무에 눈이 가려서 사랑을 버리려는 생각을 하기도 합니다. 젊은이들이 결혼을 앞두고 조건과 사랑 사이에서 흔들리는 경험에 비유해 볼 수 있는 이야기입니다.

오늘날만 그런 것이 아닙니다. 옛날에도 결혼을 앞둔 청춘 남녀들이 조건에 너무 관심을 갖는 일이 문제가 되곤 하였습니다. 기원전 5세기 무렵의 플라톤도 당시 그리스 사회의 결혼에 대해 비판적인 시각을 드러낸 바 있습니다. 그는 당시 젊은이들이 부잣집에 장가가려고 애쓰는 일을 크게 나무랍니다.

흥미로운 점은 플라톤이 그들을 나무라는 이유입니다. 플라톤은 '사회는 섞여야 한다'는 바람을 갖고 있었고, 그것이 그가 그런 세태를 비판한 이유였습니다. 계속해서 부유하고 권력을 지닌 사람들끼리 혼인을 하면 사회 격차가 확대될 수밖에 없는 점을 걱정한 것입니다. 오늘날로 따지면 양극화에 대한 비판적인 시각으로 볼 수 있습니다.

그렇다면 왜 사람들은 연애할 때에 비해서 결혼 앞에서 조건을 심각하게 고려하는 것일까요? 올바른 일인지 아닌지는 잠시 접어두고, 그것은 결혼이 '세대의 연속'과 관련되어 있기 때문일 것입니다.

생물학자들 중에는 우리 몸을 유전자를 옮기는 운반 도구 정도로 생각하는 사람들도 있습니다. 사실 인간이 본능적으로 갖고 있는 바람이자 의무 중 하나가 다음 세대에 후손을 잘 남기는 일입니다.

우리가 이전 세대로부터 촛불을 넘겨받았듯이 우리 또한 다음 세대로 촛불을 넘기는 임무를 수행하고 있습니다. 그렇다면 그런 작업을 원활하게 수행하는 데 필요한 자원의 확보는 중요합니다. 바로 이 점이 조건을 중시하는 의사결정에 영향을 미친다고 이해할 수 있습니다.

결혼 상대의 조건을 지나치게 따지는 것이 옳다거나 틀리다거나 하는 가치 판단을 하고 싶지는 않습니다. 그리고 앞서 말했듯 결혼에서 조건을 따지는 것이 현대에만 국한된 일은 아닙니다. 그런 현상의 밑바닥에는 더 풍부한 자원을 확보해서 후세들이 생존하고 번영을 누릴 수 있는 확률을 높이기 위한 사람들의 오랜 바람과 노력이 깔려 있습니다.

『탈무드』의 현자들이 위의 우화를 통해 전하고 싶은 메시지를 저는 이렇게 정리하고 싶습니다.

사람은 본래 이것을 가진다면 만족할 수 있을 텐데, 저것을 손에 넣는다면 만족할 수 있을 텐데, 하고 믿는 존재입니다. 그러나 막상 그것을 손에 넣는다면 행복할 수 있을까요? 그렇지 않습니다. 이것을 갖고 나면 또다른 것을 갖고 싶은 욕심이 생기는 존재가 인간입니다.

다소 부족하게 사는 것을 정상으로 여기고, 이미 갖고 있는 것에 만족할 수 있어야 합니다. 부부가 많은 재산, 좋은 금슬, 건강, 귀한 자식

등을 모두 가질 수 있다면 최고이겠지만, 그렇지 못하더라도 가진 것을 헤아릴 수 있어야 합니다. 그리고 이미 갖고 있는 것들에 감사하는 삶을 살아야 합니다. 욕심을 내려놓고 자족(自足)하는 삶, 거기에 행복이 있습니다.

5

배우자는 자신보다 조금
못한 사람을 선택하라

"아내는
자신보다 한 단계 낮은 사람을 선택하고,
친구는
자신보다 한 단계 높은 사람을 선택하라."

「예바모트」 63a

'나보다 한 단계 높은 사람을 선택하라!' 오늘날 남편이나 아내를 구하는 사람들의 지배적인 생각이 아닐까요.

결혼 상대로 자신보다 잘난 사람을 원하고, 앞으로의 가능성보다는 이미 갖고 있는 것을 중심으로 결혼 여부를 판단하는 사람들이 압도적으로 많습니다. 삶이 팍팍해지고 기회의 문이 좁아져가고 있기 때문일 것입니다.

이런 사회 통념을 어떻게 이해해야 할까요? 경제적인 부분을 중심으로 생각하면 충분히 이해할 수 있습니다.

확률 면에서 지금 이 시대에 자신의 상황을 크게 개선하는 일은 쉽지 않습니다. 가능성의 문은 열려 있지만 실제로 이를 이루는 사람은 적습니다. 경제가 성장하던 시대에는 그 가능성이 높았지만 지금은 상대적으로 낮습니다.

이런 현실 때문에 사람들은 이미 충분한 물질을 갖고 있는, 이를 테면 사회적으로 자신보다 한 단계 높은 배우자를 선택하려 합니다.

더욱이 오늘날은 물질의 영향이 매우 큽니다. 실제로 물질의 소유 정도에 따라 선택의 폭이 달라집니다. 과거에는 많은 재산을 갖고 있더라도 선택의 폭이 제한되었습니다.

자본주의가 고도화된다는 것은 달리 말하면 물질의 힘, 혹은 물질에 기초한 선택의 폭이 넓어진다는 뜻입니다. 이런 상황에서 무턱대고 사람들이 자신보다 경제력과 능력이 한두 단계 높은 사람을 배우자로 고르는 일을 나무랄 수는 없습니다.

"성공적인 자녀 교육은 할아버지의 재력, 아버지의 무관심, 그리고 어머니의 정보력에 의해 결정된다." 이러한 우스갯소리는 씁쓸한 웃음을 짓게 합니다. 그런데 이 우스갯소리의 이면에 깔린 경제 논리를 짚어볼 필요도 있습니다.

결혼한 후 아이를 낳아서 키우다 보면 '결혼이라는 것이 결국 자식을 낳아서 번성시키는 것'이라는 다소 불편할 수도 있는 진실과 만납니다.

경제적으로 여유 있는 배우자를 구하는 것은 충분한 자원을 확보하는 일일 수 있습니다. 부모 자신의 재력도 중요하지만 친가나 외가가 든든한 재력을 갖고 있다면 자녀에게 더 좋은 교육 기회를 제공할 수 있습니다. 그러면 다음 세대를 번성시키는 데 도움이 됩니다. 논란의 여지가 있는 주장이긴 하지만 삶을 단순화하면 이런 주장도 귀담아 들을 가치가 있습니다.

여기에다 든든한 재력이 뒷받침되는 삶은 편안합니다. 사람들은 먼 미래의 가능성을 보고 현재의 불편함을 참아내고 이겨내기보다는 당장 편안하기를 원합니다. 이것이 본능적인 욕구이기 때문에 나무랄 수 없는 일입니다.

이처럼 대부분의 사람들이 아내나 남편을 구할 때 자신보다 한 단계 높은 사람을 선택하는 일에는 경제적이고 본능적인 동기가 숨어 있습니다.

자신보다 한 단계 낮은 사람을 아내로 택해야 하는 이유

정도의 차이가 있겠지만 『탈무드』가 집필된 시대라고 해서 지금과 완전히 다르지는 않았을 것입니다. 그런데 『탈무드』에서 남자들에게 아내를 선택할 때 자신보다 한 단계 낮은 사람을 구하라고 조언하는 이유가 무엇일까요? 사실 이런 조언은 『탈무드』만이 아니라 우리 사회에서도 오래전부터 내려오는 어른들의 조언이기도 합니다.

가정이든 조직이든 두 사람 이상이 모이면 일종의 권력 관계가 형성됩니다. 부부 사이에 '권력 관계'라는 표현을 사용하는 데 거부감을 느낄 수 있지만, 부부라고 해서 예외는 아닙니다.

남편과 아내 가운데 어느 한 사람이 반보 정도 뒤에 서줄 수 있어야 합니다. 그래야 원만한 결혼생활을 할 수 있습니다. '내가 최고다'라고 생각하게 만드는 환경에서 자란 사람이라면 부부 생활에서도 그런 생각에서 벗어나기가 쉽지 않습니다.

결혼이 오랜 기간 지속되는 관계임을 생각하면 눈에 보이는 것뿐만 아니라 눈에 보이지 않는 것도 충분히 고려해야 합니다. 어쩌면 눈에 보이지 않는 것이 훨씬 더 중요할 수 있습니다.

결혼생활을 잘하려면 물질적인 기반도 필요하지만 무엇보다도 두 사람이 잘 맞아야 합니다. 두 사람이 잘 맞으려면 한 사람이 조금 뒤에 서줄 수 있어야 합니다. 그런 점에서 『탈무드』의 가치는 여전히 유효합니다.

6

아들은 어려서부터 길을 잘 들여라

"가축이 있는가? 그렇다면 잘 보살펴라.
특히 도움이 되는 가축은 잘 간수하여라.
아들이 있는가?
그렇다면 바르게 키우고
어려서부터 길을 잘 들여라."

『벤 시락의 지혜(집회서)』 7:22~23

부모에게 가장 큰 기쁨은 아이들이 건강하고 바르게 잘
크는 일입니다. 특히 인생의 황혼 무렵에 부모는 잘 성장한 자식으로 말
미암아 빛이 나게 됩니다. 물론 반대의 일도 얼마든지 가능합니다.

따라서 자식을 키우는 사람이라면 누구든 자식을 어떻게 키울 것인
지를 두고 고민에 빠질 것입니다. 세상에는 자식을 키우는 방법에 대해
다양한 이론과 주장이 있습니다.

오늘날처럼 개성과 인격을 존중하는 시대에 부모들은 과거와 다른
교육법을 선택해야 한다는 충고를 받습니다. 그 핵심은 아이들에게 더

많은 선택권을 부여해야 한다는 주장입니다. 그런 주장 가운데 대표적인 것이 '아이들이 싫어하는 일을 시키지 말아야 한다'입니다.

이런 주장에 따라 아이들을 방임하는 젊은 부부를 만날 때가 종종 있습니다. 이런 교육관은 굳이 이야기하자면 성선설에 바탕을 둔 자녀 교육법이라 할 수 있습니다. '아이들이 알아서 잘할 것'이라는 가정에 바탕을 두고 있는 것입니다.

유대인들의 자녀 교육법

『탈무드』는 오랜 세월을 지나며 살아남은 지혜들로 구성되어 있습니다. 따라서 여기서 주장하는 자녀 교육법에도 귀를 기울여볼 필요가 있습니다. 물론 그렇다고 해서 『탈무드』가 제시하는 자녀 교육법이 100퍼센트 옳다는 보장은 없습니다.

'어려서부터 길을 잘 들여라'라는 『탈무드』의 조언에는 교훈이 들어 있습니다. 힘든 일이나 시간이 걸려야 효과가 나오는 일은 아이들이 스스로 잘하지 못할 가능성이 높습니다. 그러니 부모가 잘 가르치고 훈련시켜야 한다는 생각이 이 말에 담겨 있습니다.

『벤 시락의 지혜(집회서)』의 7장 22~26절의 앞에는 '자녀들에 대하여'라는 소제목이 붙어 있습니다. 자녀들에 대한 이야기를 하면서 가축에 대한 이야기로 시작하는 이유는 무엇일까요?

『탈무드』의 현자가 가축 이야기를 아무 이유 없이 말하지는 않았을 것입니다. 여기에는 가축과 마찬가지로 자녀도 마음대로 하게 내버려두면 안 된다는 의미가 담겨 있습니다. 부모가 아이들이 좋은 습관을 갖도록 양육하지 않으면 아이들은 나쁜 습관을 가질 수 있다는 이야기입니다.

『벤 시락의 지혜(집회서)』에 담긴 다음과 같은 조언은 세월을 초월하여 자식을 키우는 부모라면 모두가 숙고하고 실천해야 할 자녀 교육의 지혜입니다.

"자식이 젊을 때 길을 잘 들이고
어릴 때부터 회초리로 키워라.
그렇지 않으면 고집만 세져서 말을 안 듣고
부모에게 큰 고통을 안길 것이다."

—『벤 시락의 지혜(집회서)』 30:12

"자식을 사랑하는 부모는 매를 아끼지 않는다.
그렇게 키운 자식은 훗날 기쁨이 될 것이다.
자식을 엄격하게 키우는 사람은 덕을 볼 것이며
그 자식은 친지들 사이에서 자랑거리가 될 것이다."

—『벤 시락의 지혜(집회서)』 30:1~2

비슷한 조언이 『성경』의 「잠언」에도 등장합니다.

"매를 아끼는 자는 자식을 미워함이라.

　자식을 사랑하는 자는 근실히 징계하느니라." ―「잠언」 13:24

"채찍과 꾸지람이 지혜를 주거늘

　임의로 행하게 버려둔 자식은 어미를 욕되게 하느니라." ―「잠언」 29:15

이들 조언의 공통점은 아이를 방임해서 키우는 일의 위험을 경계한다는 점입니다. 아이를 키운 부모들은 대체로 동의할 것입니다. 물론 실제로 '매'를 드는 문제는 매우 신중해야 합니다. 그러나 원칙과 기준 없이 모든 것을 아이에게 맞추고 제대로 훈육하지 않는 것은 위험하다는 데에는 이견이 없을 것입니다.

이따금 저는 엄마와 어린 자녀가 함께 있는 모습을 유심히 지켜보곤 합니다. 대개 어린 자녀들은 자기 마음대로 하려고 합니다. 그런 모습을 보면 '사람의 본래 성향이 저렇구나' 하는 생각이 듭니다.

오늘날은 개인의 선택과 자율을 존중하는 분위기가 대세를 이루고 있습니다. 육아법에도 유행이라는 것이 있습니다. 그에 따라 육아 서적들도 아이들에게 가능한 한 자율권을 주라고 하지만 그 유행이 언제까지 갈지는 알 수 없습니다.

우리가 『탈무드』에 주목해야 하는 것은 수천 년의 경험을 관찰한 결과들이 담겨 있기 때문입니다. 유행이란 오고 가는 것이지만 세월을 뛰어넘은 지혜는 변하지 않는 가치가 있습니다. 그런 지혜는 인간 본성에 대한 깊은 관찰과 통찰의 결과물이기 때문입니다.

7

딸에게 남자 보는 안목을 길러주어라

"딸이 있는가?
그렇다면 정숙하게 기르고
엄하게 다스려라.
딸을 시집보내면 큰 짐을 덜게 된다.
단, 분별 있는 남자를 골라 보내야 한다."

『벤 시락의 지혜(집회서)』 7:24~25

"그 아이를 어떻게 남한테 줄 수 있을지 걱정입니다."
똑똑하고 예쁜 딸을 키우는 지인이 저에게 한 말입니다. 딸을 키우는 부모라면 누구나 이런 생각을 할 것입니다. 더욱이 그 아이가 누가 봐도 훌륭한 아이라면 말입니다.

아들은 좀 거칠게 키울 수 있습니다. 그런데 딸을 키우는 것은 좀 다릅니다. 저는 누나들이 많은 가정에서 성장했습니다. 아버지는 누나들의 귀가 시간을 정해놓고 그 시간을 넘기면 무척 엄하게 나무라셨습니다. 지금은 저의 아버지와 같은 부모는 찾기 힘들겠지요. 하지만 부모의 입장에서 보면 여전히 아들보다는 딸을 키우는 데 근심 걱정이 더 많은 것이 사실입니다.

시대가 많이 변했지만, 『탈무드』에 나오는 "딸을 시집보내면 큰 짐을 덜게 된다"는 말은 사실 지금도 유효합니다. 그러나 곱게 키운 딸을 결혼시키기 전에 정말 중요한 것은 딸이 반듯하고 유능한 남자를 배우자로 만나도록 돕는 일입니다.

『탈무드』가 쓰였던 시대에는 오늘날처럼 연애결혼이 대세를 이루지 않았고 대개 부모가 결혼 상대를 골라주었습니다. 따라서 부모에게 "분별 있는 남자를 골라 딸을 시집보내라"고 조언합니다. 하지만 지금은 우선 여성 자신이 지혜로운 남자를 고르는 능력이 있어야 할 것입니다.

분별 있고 지혜로운 남자를 고르는 비법이 있을까요? 비법은 없습니다. 모든 것은 가능성 혹은 확률일 뿐입니다. 미래를 판단하고 결정하는 일 중 확실한 것이 어디 있겠습니까?

오늘날처럼 재력이 중시되는 시대에는 배우자를 고르는 기준에서 경제력이 큰 비중을 차지합니다. 현재 갖고 있는 물질적인 부가 의사결정을 압도해 버리는 경우도 많습니다.

현명한 사람이라면 이미 갖고 있는 것과 앞으로 갖게 될 것에 대해 균형 있게 관심을 두어야 합니다. 한 가지 사례를 들어보겠습니다.

한 젊은이가 남들이 모두 부러워하는 직장에 취직하였습니다. 그런데 그 젊은이는 취업한 후에 여자들이 자신을 대하는 태도가 달라졌다는 것을 알게 되었습니다.

그는 같은 곳에 취직한 친구에게 물어보았습니다. "사람들이 나를 대하는 태도가 예전과 다른데, 너도 그러니? 나는 예전이나 지금이나 똑같은 사람인데, 다르게 대하는 이유가 뭘까?"

질문을 받은 친구는 경제적인 논리를 바탕으로 다음과 같이 설명합니다.

"사람들은 자신이 내리는 결정에 대해 확신을 갖기 힘들어. 그런데 세상 사람들이 높이 평가하고 가고 싶어 하는 조직의 결정은 믿을 수 있지. 그래서 그 조직이 채용하기로 결정한 사람에 대해서는 믿는 거야. 높은 명성을 지닌 조직이 그 사람을 유능하고 장래성 있는 사람이라고 판단했다는 뜻이니까. 그러니 여자들 입장에서는 적극적으로 그런 남자를 구하려 하는 거지."

중요한 의사결정을 내릴 때 전문가의 의견을 참고하고 신뢰하듯, 배우자를 고를 때도 유사한 일이 일어나는 것입니다. 한 사람의 가능성을 점쳐볼 수 있다는 점에서 괜찮은 의사결정 방법인 것은 사실입니다. 그러나 커리어상의 가능성과 실력이 그 사람의 인품과 모든 것을 대변할 수는 없습니다.

공부하는 능력과 사람을 고르는 능력

요즘은 부부가 헤어지는 일이 크게 흉이 되지 않는 세상입니다. 주변을 둘러보면 이혼하는 부부들이 많습니다. 마음이 맞지 않는 사람과 함께 사는 일은 고달픕니다.

이러한 상황에서 여전히 딸을 가진 부모는 딸이 든든한 배우자와 함께 평생을 살 수 있는 것이 중요하다고 생각합니다. 가능한 한 한 번 결혼한 배우자와 평생 잘 살 수 있도록 부모는 딸이 좋은 배우자를 만나도록 도와야 합니다.

시카고대학교 리처드 H. 탈러 교수가 유행시킨 용어를 빌리자면 '넛지(nudge, 타인의 선택을 유도하는 부드러운 개입)'가 필요합니다. '그냥 네가 알아서 해!'라고 하기보다는 더 나은 선택을 할 수 있도록 적당히 개입해서 도와야 합니다.

아버지라면 딸에게 남자를 보는 안목을 가르칠 수 있어야 합니다. 사회생활을 하면서 터득한 사람을 보는 기준으로 남자로서 남자를 보는 안목을 딸에게 전수해 주는 것입니다. 경험에서 오는 아버지의 지혜가 딸이 배우자를 고르는 데 도움이 될 수 있습니다.

한 여성은 어머니로부터 남자를 판단하는 기준에 대해 다양한 이야기를 듣고 자랐다고 합니다. '이런 남자가 남편감으로 좋다, 이런 남자는 주의해야 한다' 등. 지금 결혼한 그 여성은 제게 이런 이야기를 했습니다.

"제가 좋은 배우자를 만나서 괜찮은 결혼생활을 하게 된 데에는 어머니의 조언이 큰 역할을 했습니다. 그런데 사람들과 대화하다 보면 저처럼 부모님으로부터 배우자를 선택하는 기준과 원칙에 대해 배운 사람이 드뭅니다. 인생에서 그보다 더 중요한 것은 없는데 다들 소홀히 생각한다는 점이 놀라웠습니다."

좋은 남편감을 찾는 법은 학교에서, 책에서 배울 수 있는 것이 아닙니다. 누군가 경험을 통해 가르쳐주어야 합니다. 그런데 그런 부분에 무심한 부모들이 의외로 많습니다.

공부하는 능력과 사람을 고르는 능력 사이에는 큰 간격이 있습니다. 학창 시절에 공부를 잘하던 여성도 그런 지혜를 전수받지 못한 상태에서 엉뚱한 남자를 만나 고통받는 일은 드물지 않습니다.

『탈무드』에 등장하는 아래와 같은 고민은 딸을 키우는 부모라면 오늘날도 갖고 있는 고민일 것입니다. 물론 세상이 많이 바뀌어서 과거와 비교할 수 없을 정도로 딸들에게 유리한 세상이 되긴 했지만요.

> "딸은 아비에게 너무나 귀한 보물이어서
> 딸 걱정에 잠 못 이루는 날도 많다.
> 딸이 젊어서는 시집을 못 갈까 걱정,
> 시집을 가면 아이를 못 낳을까 근심이다.
> 처녀 때는 혹시 몸을 더럽힐까 걱정,
> 결혼을 한 뒤에는 외도를 할까 걱정,
> 출가 전에는 처녀가 아기를 가질까 걱정,
> 시집 가서는 자식을 못 낳을까 걱정한다."
>
> ―『벤 시락의 지혜(집회서)』 42:9〜11

평생을 함께 살 사람을 보는 안목보다 중요한 것이 있을까요? 딸을 둔 부모의 걱정을 이해합니다. 그만큼 중요한 것은 딸이 제대로 된 안목과 시야를 갖고 남자를 고를 수 있도록 도와주는 것입니다. 선택의 기준이나 잣대가 100퍼센트 확고한 것은 없을지라도 부모의 경험이 잘 정리된 기준이라면 크게 도움이 될 것입니다.

조강지처는 성곽처럼 견고하다

"예쁜 여자를 너무 바라보지 말고
남의 아내의 아름다움에 혹하지 마라.
정욕이 불길처럼 타올라 신세를 망친 사람이 많다.
유부녀와 자리를 함께 하지 말고 술 마실 기회도 갖지 마라.
그 여자의 매력에 홀려 파멸로 치닫지 않도록."

『벤 시락의 지혜(집회서)』 9:8～9

살다 보면 사람들의 이런저런 실수담을 접하게 됩니다. 그럴 때면 어김없이 '아, 인간이란 얼마나 나약한 존재인가!' 하는 사실을 확인하게 됩니다. 멀쩡한 사람이 사소한 유혹에 무릎을 꿇곤 합니다.

그런 일들 가운데 흔한 것이 남자가 젊은 여인에게 빠져서 가정을 팽개치는 경우입니다. 혹은 여자와 관련한 한때의 실수로 말미암아 경력에 흠을 남기고 결국에는 자리를 물러나는 일도 적지 않습니다.

부부 사이의 사정을 속속들이 알 수는 없지만 새로운 사람을 찾아이룬 가정인들 온전하게 돌아갈 수 있겠습니까? 남기고 떠나온 아이들과 전처에게 엄청난 상처를 입히고, 새로운 가정에서도 이런저런 문제로 곤욕을 치르는 지인들을 볼 때면 안타까운 마음이 듭니다.

이런 면에서 『탈무드』의 "유부녀와 자리를 함께 하지 말고 술 마실 기회도 갖지 마라"라는 조언이 특히 눈에 들어옵니다. 조심하고 또 조심해도 지나치지 않은 것이 남녀 관계입니다. 유부녀와 자리를 같이 하지 말라는 조언도 중요하지만 특히 술 마실 기회를 갖지 말라는 조언에 주목해야 합니다.

맨정신에 실족하는 사람도 있겠지만 술자리에서 실족하는 사람들이 드물지 않습니다. 아시다시피 알코올은 인간의 정상적인 판단 능력을 흔들어놓기 때문입니다. 『탈무드』와 『성경』에는 술을 경계하는 내용이 수없이 등장합니다.

"술을 마시며 용기를 부리지 마라. 술은 많은 사람들을 파멸로 이끌어 왔다." ―『벤 시락의 지혜(집회서)』 31:25

"술이 있는 곳에 부도덕이 있다." ―「민수기 주해서」 10:3

"술이 들어오면 신중함은 떠난다." ―「에루빈」 65a

젊음은 영원하지 않다

얼마 전 한 재벌 총수의 편지가 공개되어 많은 사람들을 놀라게 했습니다. 본처와 이혼하고 내연녀와 재혼하겠다는 편지에 수많은 사람들이 분노하기도 했습니다.

부부가 맞지 않으면 헤어질 수 있지만, 가능하면 조강지처와 함께 늙어가는 것이 바람직합니다. 젊음이란 것이 오래가지 않습니다. 나이가들어도 자신을 계속해서 챙겨주고 보호해 줄 수 있는 사람은 오랜 세월어려운 시절을 함께해 온 부인일 것입니다.

"젊은 날 에너지를 이곳저곳에 허비하지 말라"는 『탈무드』의 조언을깊이 새겨야 합니다. 남자들은 자신이 언제까지나 젊지는 않다는 사실을 명심하고 또 명심해야 합니다. 이런 평범한 진리를 잊어버리는 사람들이 많기 때문에 특별한 주의가 필요합니다.

> "아들아, 젊음이 한창일 때 잘 지키고
> 낯선 여인들에게 정력을 허비하지 마라.
> 비옥한 땅을 찾으면 네 혈통에 자신을 갖고
> 씨앗을 뿌려라.
> 네 후손은 혈통에 자신감을 갖고 번성할 것이다.
> 조강지처는 성곽처럼 견고하다."
>
> —『벤 시락의 지혜(집회서)』 26:19~22

종종 주변 분들에게서 듣는 지혜 한 가지를 소개하겠습니다. 남자가 다른 여자에게 눈이 멀어서 실수하는 상황이 일어났다고 가정해 봅시다. 이때 부인 입장에서는 당연히 자존심이 상하고 분노가 치밀어오를 수밖에 없습니다.

그러나 진정으로 현명한 부인들은 '남자의 바람은 바람으로 그치고 말 거야'라는 확신을 갖고 가정을 지킵니다. 동요하지 않고 자기 페이스를 유지하면서 계속 전진합니다. 분노를 이기지 못하고 쉽게 헤어지는 사람은 세월이 흐른 다음 후회하는 경우가 적지 않습니다.

물론 남자가 바람을 피우는 일은 도덕적으로나 법적으로나 절대로 옳은 일이 아닙니다. 하지만 사람이란 나약하고 때로는 형편없는 짓을 저지를 수 있는 존재입니다. 정욕이 눈을 가리면 자식이나 가정이 눈에 보이지 않을 수도 있습니다.

결국 아내는 남편을 떠날 것인가, 아니면 꿋꿋이 내 일을 하면서 기다릴 것인가 하는 두 가지 선택 앞에 서게 됩니다. 『탈무드』는 이런 고민에 대해 구체적인 해법을 주지는 않습니다. 그러나 사랑에 관한 『성경』에서 지혜를 얻을 수 있습니다. "(사랑은) 모든 것을 참으며 모든 것을 믿으며 모든 것을 바라며 모든 것을 견디느니라."(「고린도전서」 13:7)

나무를 심는 사람

초기 랍비 시대의 성인인 호니 하마겔이 어느 날 길을 가다 캐롭 나무를 심고 있는 한 남자를 만났다.

"그 나무에 과일이 열리는 데 얼마나 걸립니까?"라고 호니가 묻자 그 남자는 "70년이 걸립니다"라고 대답하였다.

이어서 호니가 "지금부터 70년 뒤에 당신이 살아 있을지 없을지 알 수 없지 않습니까?"라고 묻자 남자는 이렇게 답하였다.

"내가 이 세상에 와서 캐롭 나무를 만날 수 있었던 것처럼 우리 손자 손녀들이 캐롭 나무를 즐길 수 있도록 심고 있는 것입니다."

— 「타니트」 23a

사람들이 자식을 위해 희생하고 헌신하는 이유는 무엇일까? 결혼은 꼭 해야 하는 것일까? 반드시 결혼해서 자식을 낳아 키워야 하는 것일까?

오늘날 녹록하지 않은 경제 사정과 맞물려서 전통적인 결혼 제도에 회의적인 사람들이 늘어나고 있습니다. 앞으로 이런 추세는 계속될 것으로 봅니다.

『탈무드』는 변하지 않는 진리를 다룹니다. 세상이 아무리 변해도 결코 변하지 않는 것이 있습니다. 우화 「나무를 심는 사람」은 부모에게 자식이란 어떤 존재인지에 대한 진리를 다루고 있습니다. 호니 하마겔은 당대에 신앙심이 깊은 사람으로 통했습니다. 그의 기도가 비를 내리게 하는 데 특별한 효험이 있었기 때문입니다. 그는 여러 편의 이야기를 남겼는데, 그 가운데 하나가 위에 소개한 「나무를 심는 사람」입니다.

✤ 나무를 심는 부모의 마음

부모가 되는 일은 신비스러운 경험입니다. 자식을 낳아 키우다 보면 세계관이나 인생관이 크게 바뀌게 됩니다. 세상의 중심이 자신에서 자식으로 옮겨가지요. 모든 부모들이 그런 건 아니겠지만 대부분의 부모들은 자식들을 위해 헌신합니다. 70년 뒤를 보고 캐롭 나무를 심는 사람의 마음도 그런 게 아닐까요?

「나무를 심는 사람」 이야기에서 70년은 특별한 의미를 지니고 있습니다. 바빌로니아가 유대 왕국을 정복한 후 유대인들을 바빌로니아로 끌고 간 사건인 '바빌론 유수(Babylonian Exile)'와 관련이 있습니다.

일부 학자들은 바빌론 유수는 바빌로니아가 유대 왕국을 처음으로 점령한 기원전 597년에 시작되었다고 주장합니다. 다른 학자들은 유대인들이 2차 반란을 일으키자 예루살렘 성벽을 허물고 성전을 무너뜨리면서 대규모 강제 추방을 실시한 기원전 586년을 시작으로 봅니다.

후자의 주장대로 보면 바빌론 유수는 기원전 586년부터 페르시아가 바빌로니아를 점령한 기원전 538년까지 48년간 이루어졌다고 볼 수 있습니다.

그런데 70년은 어떤 근거로 나온 것일까요? 전승(「예레미야」 29:10)을 받아들이는 학자들 중 일부는 바빌론 유수 기간을 기원전 608년부터 538년으로, 또다른 학자들은 기원전 586년부터 516년(예루살렘 성전이 재건된 해)경으로 보고 있습니다. 이런 근거로 바빌론 유수 기간이 70년이라는 계산이 나오게 됩니다.

"여호와께서 이와 같이 말씀하시니라. 바빌론에서 70년이 차면 내가 너희를 돌보고 나의 선한 말을 너희에게 성취하여 너희를 이곳으로 돌아오게 하리라."(「예레미야」 29:10)

여기서 48년 혹은 70년이 중요한 이유는 무엇일까요? 고대에는 나무의 나이가 중요했습니다. 세금 징수를 위해서 나무의 나이가 필요했기 때문입니다.

유대인들이 지키는 절기 가운데 우리의 식목일처럼 나무를 심는 절기인 '투 비시밧(Tu Bishvat)'이 있습니다. 이날이 나무의 나이를 세는 기준이 됩니다. 이날 이전에 심은 나무는 지난해의 세금에 포함되고, 이후에 심은 나무는 다음 해의 세금에 포함되었습니다.

또한 나무의 나이는 『성경』 말씀을 지키기 위해서도 중요했습니다.

"너희가 그 땅에 들어가 각종 과목을 심거든 그 열매는 아직 할례 받지 못한 것으로 여기되 곧 삼 년 동안 너희는 그것을 할례 받지 못한 것으로 여겨 먹지 말 것이요."(「레위기」 19:23)

참고로 캐롭 나무는 서유럽이 원산지인 큰 우산처럼 생긴 나무로, 나이가 들수록 열매가 풍부해집니다. 옛날에는 캐롭이 워낙 귀해서 무게로 달아 팔았는데, 그 가격이 같은 무게의 금값과 맞먹었다고 합니다. 그래서인지 보석의 크기를 재는 '캐럿'이란 말이 바로 캐롭에서 유래했다고 합니다.

✤ 나무를 심어온 유대인들

바빌론 유수 기간 동안 유대인들은 낙담한 채 손을 놓고 있지 않았습니다. 그들은 심한 고통과 역경 속에서도 자신들의 민족정신과 종교적 정체성을 유지하기 위한 노력을 게을리하지 않았습니다. 「나무를 심는 사람」 이야기에서처럼 그들은 계속해서 나무를 심었습니다.

예언자 예레미야와 에스겔은 언젠가 이루어질 귀향에 대한 기대감과 필연성을 일깨웠습니다. 유대교 회당인 시너고그가 처음 세워진 것도 바빌론 유수 기간 중이었고, 유대인들이 안식일을 비롯한 유대교 절기를 본격적으로 지키기 시작한 것도 이때였습니다.

고대 이스라엘 역사상 가장 암울한 시대를 살았던 예레미야는 유대 왕국의 멸망이 필연이었지만 이의 회복도 필연임을 다음과 같이 설파하였습니다. "여호와의 말씀이니라. 보라 내가 내 백성 이스라엘과 유다의 포로를 돌아가게 할 날이 오리니 내가 그들을 그 조상들에게 준 땅

으로 돌아오게 할 것이니 그들이 그 땅을 차지하리라 여호와께서 말씀 하시니라."(「예레미야」 30:3)

지금도 「나무를 심는 사람」 이야기는 유대인 가정에서 부모가 아이들에게 즐겨 들려주는 이야기입니다. 작가이자 예시바대학교 교수인 페니나 시람(Peninnah Schram)은 한 논평에서 자신의 경험담을 다음과 같이 전해줍니다.

"나는 어머니로부터 반복적으로 이 이야기를 들었다. 어머니는 외할아버지가 이 이야기를 자주 들려주셨다고 회상하였다. 이 이야기는 다음 세대를 위해 세상을 돌보는 일의 중요성을 강조하고 있다."

갖은 고난에도 불구하고 유대인들은 항상 하나님에게 정조준된 삶을 살았기 때문에 나라 없이도 민족과 종교의 정체성을 유지할 수 있었습니다. 자신들이 어디를 향해 가야 하는지를 정확히 알고 있었습니다.

흥미로운 점은 유대인들이 이처럼 추상적이고 관념적인 삶의 지향점이나 방향을 갖고 있지만 동시에 지극히 현실적인 면을 중시한다는 사실입니다.

관념과 현실, 미래와 현재 등과 같은 대조적인 개념을 하나의 바구니에 담기가 쉽지 않은데도 그들은 모순된 것처럼 보이는 두 가지를 한 바구니에 담아냈습니다.

아래에서 소개하는 '어린 나무를 들고 서 있는 남자' 이야기는 메시아(구세주, 혹은 '기름 부름을 받은 자'라는 뜻으로, 다윗왕의 자손 가운데 이스라엘의 황금기를 찾아줄 강력한 통치력을 갖춘 왕)의 강림이라는 엄청난 사건을 코앞에 두었다 할지라도 자신이 해야 할 일을 먼저 마무리

해야 한다고 말할 정도입니다.

"랍비 요하난 벤 자카이는 다음과 같이 말하였다. 만일 당신이 어린 나무를 들고 서 있을 때 누군가가 당신에게 '봐요! 저기 메시아가 오셨어요!'라고 말한다면 어떻게 해야 할까? 먼저 나무를 심은 다음 메시아를 맞으러 나가라."(「랍비 나탄의 잠언」 31)

메시아가 오는 것처럼 중대한 일이 있더라도 자신이 마무리해야 할 일을 먼저 하라고 권하다니, 이 얼마나 현실적입니까! 이런 태도와 마음가짐이 유대인들이 대단히 종교적인 민족이면서도 세속적으로 큰 성공을 거두게 된 요인이 아닐까 생각합니다.

삶에서 우선순위를 정하지 못해 흔들리기 쉬운 우리에게 '어린 나무를 들고 서 있는 남자' 이야기는 어떤 원칙을 가지고 살아야 하는지에 대해 귀한 지침을 줍니다.

4장

유연함이 딱딱함을 이긴다

· · · · · · · · · · · · · · · ·
· · · · · · · · · · · · · · · ·
· · · · · · · · · · · · · · · ·
· · · · · · · · · · · · · · · ·

"사람은 삼나무처럼 딱딱하지 말고 갈대처럼 부드러워야 한다."

「타니트」 20b

세상살이에서 부침은 피할 수 없다

"세상은
사다리와 같다.
올라가는 사람이 있고
내려가는 사람이 있게
마련이다."

「탄후마 주해서」 10

사람은 본래 자신을 중심으로 생각하고 행동할 수밖에 없는 존재입니다. 무언가를 바라본다는 것은 자신의 입장에서 바라보는 것입니다. 듣는 것도 마찬가지입니다. 우리가 하는 모든 사고와 행동은 주관적일 수밖에 없습니다.

그래서 의식적으로 노력하지 않으면 상대방의 입장에서 바라보고 생각하고 행동하기란 쉬운 일이 아닙니다. 우리 모두는 자신을 중심으로 세상을 바라보도록 태어났기 때문에 객관적으로 바라보는 노력을 게을리하지 않아야 합니다.

사업가가 된다는 것은 고객의 입장에서 바라보는 훈련을 하는 것입니다. 작가가 된다는 것은 독자의 입장에서 바라보는 훈련을 하는 것입니다. 마찬가지로 강연자가 된다는 것은 청중의 입장에서 바라보는 훈련을 하는 것입니다.

타인의 입장에 서볼 줄 아는 사람만이 성공이라는 성과를 손에 넣을 수 있습니다. 이른바 '대박'이라 부르는 상품이나 서비스는 모두 타인의 욕구와 불편을 정확하게 읽어냈을 때 주어지는 보상 같은 것들입니다.

세상은 '사다리'와 같다

우리가 원하든 원하지 않든 세상은 계속해서 변화합니다. 숨이 가쁠 정도로 변화가 요동치는 세상입니다. 그런 변화가 낳는 현상들이 옳고 그름의 대상이 될 수 있습니다. 그렇지만 변화 그 자체까지 막을 수 없습니다.

이에 따라 빈부 격차도 점점 커지고, 변화에 적응해 가는 사람들의 움직임도 힘겹습니다. 이런 변화는 부의 재편을 낳고, 그 중에 성공을 거두는 사람도 있고 실패하는 사람도 있습니다.

유독 새로운 변화가 낳는 빈부 격차와 같은 어두운 면에 주목하는 사람들이 있습니다. 어두운 현상에 초점을 맞추고 세상이 변해야 할 방향에 대해 목소리를 높이는 사람들이 있습니다. 세상이 마땅히 이러저러해야 한다는 이상과 세상이 실제로 이러저러하다는 현실 사이에는 큰 간격이 있을 수밖에 없습니다.

사람들이 어떻게 생각하든 세상은 계속 변합니다. 수많은 사람들의 상호작용과 기술 변화, 그리고 우연적인 요소들이 씨줄과 날줄로 엮이면서 때로는 예상 가능한 모습으로, 때로는 전혀 예상할 수 없는 모습으로 변해갑니다.

저는 비교적 냉정하게 세상의 변화를 인정합니다. 내가 어찌할 수 없는 것들은 있는 그대로 바라봅니다. 변화가 급격할 때 적응에 실패해서 나가떨어지는 개인이나 기업, 국가가 있다는 사실도 그대로 인정합니다.

그런 일들에 좀처럼 분노하지 않습니다. 삶의 본질 자체가 변화이고 변화는 곧 격차를 낳기 때문입니다. 그리고 격차가 승자와 패자를 낳는 것을 자연법칙으로 생각하기 때문입니다.

모두가 다 승자가 되면 얼마나 좋겠습니까? 그러나 그것은 불가능합니다. 세상살이의 중심에는 변화가 있습니다. 그 변화가 작은 것이든 큰 것이든 올라가는데 성공한 사람을 만들어내기도 하고 어쩔 수 없이 내려가는 사람을 만들어내기도 합니다.

이런 점에서 세상을 사다리로 바라보는 『탈무드』의 지혜는 살아가는 일의 본질을 꿰뚫습니다. 물론 노력하면 사다리를 올라갈 가능성을 높일 수 있습니다. 그렇다고 해서 노력하는 모든 사람이 위로 올라가 성공하는 것은 아닙니다. 단지 가능성이 높아진다는 이야기일 뿐입니다.

친구들이나 지인들의 부침을 보면서도 '세상은 사다리'라고 생각합니다. 매일 뉴스를 보면서도 마찬가지로 생각합니다. '세상살이는 사다리와 같다'는 관점을 받아들이고 나면 세상을 살아가는 담담한 태도와 담대한 지혜를 얻을 수 있습니다.

자신은 머물러 있다고 생각하지만 그 순간에도 결코 머물러 있는 것은 아닙니다. 내려가고 있을 수도 있고 올라가고 있을 수도 있습니다. 다른 사람들과 세상이 저마다의 방식으로 움직이고 있기 때문입니다.

불평한다고 해서 그들의 움직임을 멈추게 할 수 없습니다. 변화에 맞추어 올라가려는 노력을 해야 합니다.

2

사람의 성품을 엿볼 수 있는 세 가지,
일·술·대화

> "한 사람의 성품은
> 세 가지를 통해 시험할 수 있다.
> 그 세 가지는
> 일, 포도주,
> 그리고 대화다."
>
> 「랍비 나탄의 잠언」 31

성품은 한 사람의 쉽게 변하지 않는 성격과 태도를 말합니다. 누군가를 머리에 떠올릴 때 그 사람을 특징짓는 '그 무엇'이 있을 것입니다. 그런 것에 성품도 포함됩니다.

성품에 관한 위의 말은 기원후 700~900년 무렵에 살았던 랍비 나탄이 남긴 말로, 오늘날까지 전해져 내려오고 있습니다. 사람의 성품은 일, 포도주, 대화를 통해서 시험할 수 있다는 말은 어떤 뜻일까요?

어떤 사람과 이익이 관련된 일을 하다 보면 '아, 이 사람은 이렇구나'

하고 깨닫게 되는 때가 많을 것입니다. 평소에는 좋은 사람처럼 보이더라도 이익이 걸린 문제에서는 갑자기 변하는 사람들도 있습니다.

술을 마실 때도 마찬가지입니다. 한 잔 두 잔 들어갈 때는 괜찮지만 술의 양이 어느 정도 넘어가면 사람의 본색이 드러난다고 할까요, 평소와는 다른 모습이 나타납니다.

대화도 마찬가지입니다. 직접 만나서 대화를 나누다 보면 멀리서 바라볼 때와는 다른 느낌을 받기도 하고, 그 사람에 대해 좀더 정확하게 알게 됩니다.

성품을 엿볼 수 있는 또다른 세 가지

랍비 나탄은 사람의 성품을 엿볼 수 있는 것으로 일, 포도주, 대화 외에 다른 세 가지를 듭니다. "한 사람의 성품은 걸음걸이, 옷차림, 그리고 인사하는 태도로 알 수 있다."(「랍비 나탄의 잠언」 31)

어떤 사람을 만나면 그의 걸음걸이를 유심히 보시기 바랍니다. 가슴을 펴고 씩씩하게 걷는 사람이 있는 반면에, 바지 주머니에 손을 넣고 껄렁하게 걷는 사람도 있습니다.

일반적으로 바지 주머니에 손을 넣고 걷는 것은 부정적인 인상을 심어줄 수 있습니다. 뿐만 아니라 삶에 대해 별로 바르지 않은 태도를 갖고 있음을 드러내는 습관입니다. 옷차림을 단정하게 하는 것은 기본 중에 기본입니다.

아울러 만나는 사람들에게 밝고 씩씩하게 인사하는 것은 자신과 타인 모두에게 도움이 되는 일입니다. 인사를 잘하는 것만으로도 호감을 살 수 있고, 상대방의 기분까지 좋게 만들 수 있습니다.

랍비 일라이도 성품에 대해 조언을 남겼습니다. "어떤 사람의 성품은 세 가지를 통해서 타인에게 알려진다. 술을 어떻게 마시는지, 돈을 어떻게 쓰는지 분노를 어떻게 표현하는지를 통해서."(「에루빈」 65b)

대단히 중요한 지적입니다. 술을 마시는 태도, 돈을 쓰는 태도, 분노를 표현하는 태도, 이러한 것들이 한 사람을 알 수 있는 귀한 잣대가 아닐까요? 우리의 성품 역시 이러한 태도들을 통해 드러난다는 사실을 유념해야 할 것입니다.

또한 『탈무드』의 현자들이 말하는 참을 수 없는 성품들도 주목해야 합니다. 흥미롭게도 아래의 두 조언에서 공통되는 세 유형이 있습니다.

> "나의 마음을 크게 상하게 하는 세 가지 유형이 있다. 가난한데 거만한 사람, 거짓말하는 부자, 바람을 피우는 늙은 남자가 그것이다."
>
> —『벤 시락의 지혜(집회서)』 25:2

> "참을 수 없는 유형이 네 가지가 있다. 가난한데 거만한 사람, 남을 속이는 부자, 여자를 밝히는 늙은 남자, 사람들 위에서 잘난 체하며 군림하는 대표자." —「페사힘」 113b

위에서 소개한 것들이 우리의 성품을 드러낸다면, 반대로 그런 것들을 성품으로 갈고닦는 데 활용할 수 있습니다.

일을 하는 자세, 술을 마시는 태도, 대화하는 태도, 분노를 표출하는 방법, 돈 쓰는 습관, 걸음걸이, 옷차림, 인사하는 태도. 이런 것들에서 늘 스스로를 돌아보고 바로잡아야 합니다. 아울러 절대로 거짓말을 하거나, 거만하게 굴거나, 바람을 피우거나 하지는 말아야겠지요.

그렇게 좋은 모습을 가질 수 있도록 노력하다 보면, 어느새 성품이 좋은 사람으로 성장해 있을 것입니다.

3

내가 받고 싶은 대로 남에게 베풀어라

"어떤 이교도가 랍비 힐렐을 찾아가 이렇게 말하였다.
'내가 한 발로 서 있는 동안
나에게 모세 오경의 내용을 전부 가르쳐준다면 개종하겠소.'
그러자 힐렐은 그에게 말했다.
'당신이 당하기 싫은 일을 이웃에게 하지 말라.
이것이 모세 오경의 전체 내용이오.
나머지는 그에 대한 해설일 뿐이오.'"

「샤바트」 31a

사람이라면 지켜야 하는 것이 있습니다. 특히 바르게 살아가려고 노력하는 사람이라면 반드시 지켜야 하는 것이 있습니다. 이는 어떤 종교를 갖고 있든, 어떤 문화권에 살고 있든 같습니다.

그것은 바로 '타인에게 대접받고 싶은 대로 타인에게 하라'는 것입니다. 나아가 '자신이 당하기 싫은 일을 이웃에게 하지 말라'는 것입니다. 흔히 '황금률'이라 부르는 것이지요.

사는 게 힘들고 정신적 여유가 없으면 황금률을 헌신짝 버리듯 하는 사람들이 있습니다. 뿐만 아니라 태생적으로 질이 좋지 않은 사람들도 있습니다. 그런 사람들은 자신의 이익을 위해서 타인을 속이는 일을 아무렇지 않게 합니다. 남들에게 금전적 손실을 주거나 마음에 상처를 주는 일을 거리낌 없이 행하곤 하지요.

'네 이웃을 사랑하기를 네 자신 같이 하라'

황금률은 모든 『성경』과 율법을 관통하는 가르침의 핵심입니다. 『구약성경』에서 황금률은 다음과 같이 등장합니다.

"원수를 갚지 말며 동포를 원망하지 말며 네 이웃 사랑하기를 네 자신과 같이 사랑하라. 나는 여호와이니라." —「레위기」19:18

"너는 마음을 다하고 뜻을 다하고 힘을 다하여 네 하나님 여호와를 사랑하라." —「신명기」6:5

『신약성경』에는 다음과 같이 나옵니다.

"무엇이든지 남에게 대접을 받고자 하는 대로 너희도 남을 대접하라."

—「마태복음」7:12

이는 『성경』 전편을 흐르는 가장 중요한 메시지로 이해할 수 있습니다. 그 메시지는 크게 두 가지로 나눌 수 있는데, 하나는 '하나님을 사랑하라'이고 다른 하나는 '다른 사람들을 사랑하라'입니다.

『신약성경』에 나오는 '사랑하라'는 말을 좀더 자세히 살펴보겠습니다.

"서기관 중 한 사람이 그들이 변론하는 것을 듣고 예수께서 잘 대답하실 줄 알고 나와 묻되 모든 계명 중에서 첫째가 무엇이니이까. 예수께서 대답하시되 첫째는 이것이니 이스라엘아 들으라. 주 곧 우리 하나님은 유일한 주시라. 네 마음을 다하고 목숨을 다하고 뜻을 다하고 힘을 다하여 주 너의 하나님을 사랑하라 하신 것이요. 둘째는 이것이니 네 이웃을 네 자신과 같이 사랑하라 하신 것이라 이보다 더 큰 계명이 없느니라."(「마가복음」 12:28~31)

기독교인들은 첫째 계명을 흔히 수직 계명이라 부르고 둘째 계명을 수평 계명이라고 부릅니다. 중요한 것은 첫째 계명이 제대로 지켜지지 않으면 둘째 계명이 지켜지기가 무척 힘들다는 것입니다. 반대로 첫째 계명이 잘 지켜지면 자연스럽게 두 번째 계명이 잘 지켜지게 됩니다.

『성경』에서 가장 중요한 계명인 두 가지 사랑은 자연스럽게 세상살이의 황금률로 연결됩니다. 상사가 되어서 부하를 이끌 때, 가장이 되어서 가족을 이끌 때, 사업을 하면서 고객을 대할 때, 황금률이야말로 변함없는 진리입니다.

어떤 상황에서든 어떤 관계에서든 황금률을 지키며 진정성을 갖고 상대를 대하는 것만큼 호소력이 큰 것도 없을 것입니다. 물론 황금률에 따라 행동하는 것이 쉽지 않습니다. 사람은 자신을 위하는 만큼 남을 위하기는 쉽지 않을 테니까요.

하나님의 존재를 받아들이지 않는 사람들에게는 하나님에 대한 사랑이라는 수직 계명은 없습니다. 그들에게 삶을 살아갈 때 가장 큰 지혜는 나를 사랑하듯 이웃을 사랑하는 것입니다.

사람들이 모여 사는 곳에서 무엇을 기본으로 삼고 살아야 하는가? 답은 명확합니다. '내가 상대방이라면 내가 어떻게 하기를 원할까?'라는 질문에 대한 답대로 행동하면 됩니다. 쉽지 않지만 노력해야 합니다.

황금률은 유대교의 핵심

랍비 아키바는 "원수를 갚지 말며 동포를 원망하지 말며 네 이웃 사랑하기를 네 자신과 같이 사랑하라. 나는 여호와이니라"라는 황금률이 명시된 「레위기」 19장 18절이야말로 토라의 핵심이라고 말했습니다. 그 밖에 『탈무드』에서 황금률이 언급된 대목은 여러 곳입니다.

"자기 자신 만큼 동료를 배려하라." —「벤 시락의 지혜(집회서)」 31:15

"스스로 싫은 일을 다른 사람에게 하지 마라." —「토비트」 4:14

「레위기」 19장 18절의 황금률은 유대교의 핵심으로 오랜 세월 동안 이어져 내려왔습니다. 연구자들에 의하면 두 번째 성전 파괴 시기의 유대 문헌들에서 황금률에 관한 여러 증거들을 발견할 수 있다고 합니다.

유대 계통의 『구약성경』 외경 중 하나로 간주되는 『환희서(歡喜書, *Book of Jubilees)*』는 기원전 140~100년에 정리된 것으로 알려져 있습니다. 이 책은 지금도 에티오피아정교회가 정경의 하나로 받아들이고 있는데, 여기서도 황금률은 자주 등장합니다.

"하나님은 그들에게 하나님의 길을 따라야 한다고 명령하였습니다. 즉 공의롭게 일해야 하고, 이웃을 서로 사랑해야 하고, 모든 사람들에게 그런 원칙을 지켜야 한다고 명령하였습니다." —『환희서』 20:2

남을 속이고 배려하지 않는 일들이 예사로 일어나는 이 세상에서 황금률을 제대로 지키고 살아가는 일은 쉽지 않습니다. 하지만 그런 만큼 황금률의 중요성은 더욱 크고 분명해집니다.

『성경』 전편에서도 가장 중요한 핵심 메시지가 이웃을 향한 사랑입니다. 이웃의 입장에서 생각하고 이웃을 사랑하는 것은 우리를 더 좋은 인간으로 만들어주고, 이 세상을 더 아름답게 만들어주는 삶의 지혜입니다.

인간관계의 기본값은 '늘 변하는 것'

"너무 빨리 상대를 믿지 마라.

친구들 중에도

자신에게 이익이 있을 때는 네 곁에 있고

네가 곤경에 빠지면

떠나는 자들이 있기 때문이다."

『벤 시락의 지혜(집회서)』 6:7~8

사람은 계속해서 변화하는 존재입니다. 사람도 변화하고 관계도 변화합니다. 『탈무드』가 주는 위의 조언은 친구 관계에만 적용되는 것은 아닙니다. 친구 관계든 알고 지내는 사이든 시간이 흐르고 상황이 바뀌면 변하게 됩니다.

변함없는 관계를 유지할 수 있는 사람을 만나는 것은 상당한 행운입니다. 사회생활을 하면서 만나는 사람들의 경우에는 더욱 그렇습니다.

그러나 그렇게 변하지 않는 관계는 드뭅니다. 인간관계의 기본값은 '늘 변하는 것'이라고 이해하면 마음의 상처와 잘못된 판단의 비용 부

214

담을 줄일 수 있습니다.

이익의 친구, 즐거움의 친구

근래에 제가 경험한 일 한 가지를 들려드리겠습니다. 한 모임에서 동향 출신의 사업가를 만났습니다. 고향에서도 추억이 짙게 깔린 장소와 관련한 인연을 가진 분이었습니다. 그런 추억은 아주 한정된 사람들만이 공유할 수 있는 것이기 때문에 무척 반가웠고 신기했습니다.

그도 '공 박사를 이렇게 만난 것은 정말 귀한 일입니다'라고 감탄했습니다. 며칠 후 우리는 다시 만나서 옛날이야기도 나누고 우의도 다졌습니다.

그런데 그가 저를 만나서 하는 행동이 흥미로웠습니다. 식사를 마치고 카페에서 대화를 나누는 동안 그는 여러 군데 전화를 걸었습니다. 통화 상대에게 저를 만나고 있다고 말하기도 하고, 저에게 잠깐 통화를 하라고 전화기를 건네기도 했습니다. 자연스러운 상황은 아니지만, 소중한 곳에서 맺어진 인연이라고 생각해서 저는 그 요구에도 진지하고 성실하게 응했습니다.

그와 저는 머지않아 다시 만나기로 하고 헤어졌습니다. 그러나 그후 세월이 일 년이 흐르고 이 년이 흘렀습니다.

지금 생각하면 그는 정말로 저와의 인연이 소중하기보다는 저와의 친분을 과시함으로써 이익을 취하려는 목적이 있지 않았을까 하는 생각이 듭니다. 좀 지나친 생각일 수도 있긴 합니다만, 만남의 끝이 씁쓸한 것은 지울 수가 없더군요.

인간이 순수한 시기를 지나고 나면 인간관계에도 '이익'이라는 개념이 끼어들 수밖에 없습니다. 그런 것을 두고 아리스토텔레스는 '이익의 친구'라고 표현했습니다. 이익의 친구는 서로 이익을 공유할 수 있을 때는 모르지만 이익이 충돌할 때는 상대방에게 비수를 드러내는 일이 흔합니다.

'이익의 친구'가 있다면 '즐거움의 친구'도 있게 마련입니다. 이익의 친구는 서로에게 이익이 될 때만 유지되는 친구 관계입니다. 즐거움의 친구는 즐거움을 함께 나눌 수 있을 때만 유지되는 친구 관계입니다. 이익의 친구이든 즐거움의 친구이든 이익과 즐거움이 사라지고 나면 그 관계는 자연히 사라지고 맙니다.

살기가 팍팍해지다 보면 오랫동안 사귀어왔던 친구 관계에도 이익이 개입하여 파장이 일어나기도 합니다. 하물며 사회생활을 하면서 만난 관계에서 이익을 배제한 관계는 드물 수밖에 없습니다.

그렇다면 『탈무드』가 조언하는 것처럼 너무 빨리 상대를 믿고 자신의 속내를 드러내는 것은 좋은 방법이 아닙니다.

씁쓸한 이야기이지만, 친구로 포장된 인간관계에서 흔히 일어나는 일들을 『탈무드』에서는 다음과 같이 이야기합니다.

"어떤 친구는 적으로 변하여
너와 싸우며 너의 약점을 공개한다.

또 어떤 친구는 너의 식탁에는 잘 와서 앉으나

네가 불행해지면 너를 버린다.

네가 잘살 때는 네 집을 자기 집처럼 여기고

네 하인들마저 마음대로 부리고,

네가 망하면 등을 돌려 자취를 감춰버린다.”

—『벤 시락의 지혜(집회서)』 5:9〜12

이런 일들을 자주 경험하다 보면 사람에 대해 깊이 실망할 수 있습니다. '세상의 모든 것들이 변화하는데 사람인들 변하지 않을 수 있겠는가!' 그리고 사람이 변하는 만큼 사람의 친함과 친하지 않음도 계속해서 변하는 것으로 생각하면 인간관계로 인한 실망을 조금은 줄일 수 있을 것입니다.

그것은 축복이었을까, 저주였을까?

람비 요나탄 벤 아스마이와 람비 예후다 벤 게이림이 스승인 랍비 시몬 바 요차이(랍비 라시비)의 집에서 공부를 했다.

두 제자는 스승의 가르침을 잘 따르는 뛰어난 사람들이었다. 그래서 스승 랍비는 자기 아들에게 "이들은 훌륭한 사람들이다"라고 말하고 그들에게 가서 축복을 내려달라고 하라고 했다.

그 말에 따라 아들은 두 제자에게 갔고, 두 제자는 그에게 무슨 일이냐고 물었다. 그러자 아들은 "아버지께서 두 분께 가서 축복을 내려달라고 청하라 하셨습니다"라고 말했다.

그러자 제자들은 아들에게 말했다.

"네가 농작물을 심지만 수확하지 못할 것이다. 하나님의 뜻이다. 가지고 오지만 가지고 나가지는 못할 것이다. 그 또한 하나님의 뜻이다. 가지고 나가지만 가지고 오지는 못할 것이다. 그 역시 하나님의 뜻이다. 너의 집은 파괴되고 너는 여인숙에 살게 될 것이다. 너의 식탁은 뒤집어질 것이며, 너는 새해를 보지 못할 것이다."

아들은 아버지에게 돌아와 말했다.

"그 사람들은 저에게 축복은커녕 저주를 하였습니다!"

아버지가 물었다.

"그들이 네게 뭐라고 했느냐?"

아들은 제자들이 해준 이야기를 그대로 전했다. 그러자 아버지가 말했다.

"그들이 너에게 해준 이야기는 모두 축복이다. '농작물을 심지만 수확하지 못할 것이다'라는 말은 네 자식들이 네가 살아 있는 동안 세상을 떠나지 않을 거라는 뜻이다.

'가지고 오지만 가지고 나가지는 못할 것이다'라는 말은 네가 며느리를 맞을 것이고, 아들은 젊어서 죽지 않을 것이며, 그래서 며느리가 친정으로 돌아갈 일은 없을 거라는 뜻이다.

'가지고 나가지만 가지고 오지는 못할 것이다'라는 말은 네 사위들이 젊어서 죽지 않을 것이고 결과적으로 딸들이 친정인 너의 집으로 돌아올 필요가 없음을 뜻한다.

'너의 집은 파괴되고 너는 여인숙에 살게 될 것이다'라는 말에서 너의 집은 무덤이고 여인숙은 이 세상을 말한다. 따라서 네가 장수하리라는 말이다.

'너의 식탁이 뒤집어질 것이다'라는 말은 네 자식들에 의해서 주변 환경이 다시 정리될 거라는 뜻이다.

마지막으로 '너는 새해를 보지 못할 것이다'라는 말은 네가 신혼
을 한 번만 갖으리라는 뜻이다. 다시 말하면 아내가 죽어서 다른
여인과 재혼할 일은 없으리라는 뜻이다."

— 「모에드 카탄」 9a~b

살아가면서 누군가로부터 가혹한 비난이나 비판을 받았을 때 어떻게
해야 할까요? 비난의 말이 어느 수준을 넘어서 저주에 가까운 것이라
면 마음을 어떻게 다스려야 할까요? 눈앞에서, 혹은 SNS에서 터무니없
는 비판을 받았을 때 어떻게 대처하는 것이 좋을까요?

흔하지는 않지만 생활 속에서 만날 수밖에 없는 그런 상황에 대해
앞에 소개한 『탈무드』의 이야기는 유익한 대안을 제시하고 있습니다.

이 이야기는 『구약성경』의 저주와 관련된 말씀과 연관이 있습니다.
「레위기」 26장 14~46절에는 이스라엘 민족이 율법을 지키지 않을 때
는 가혹한 징벌이 주어지리라는 내용이 나옵니다.

⚜ 표면에 드러나는 것과 밑에 숨어 있는 것

율법은 명확하기 때문에 어떤 경우에 축복을 받는지 어떤 경우에 저
주를 받는지가 명확합니다. 하지만 사람이 저주의 말을 퍼부을 때 이를
해석하는 데에는 지혜가 필요합니다. 겉으로 저주처럼 들리는 말에 축
복이 담겨 있을 수 있기 때문입니다.

어떤 아버지라도 자식에게는 귀한 것을 물려주길 원합니다. 아버지가 훌륭한 사람들을 만나면 자식에게도 그들과 만날 기회를 주어 훌륭한 사람들로부터 많은 것을 배우게 하고 싶은 것이 아버지의 마음입니다.

랍비 라시비는 자신의 집에서 공부하던 두 랍비가 훌륭한 사람이라고 판단했기 때문에 아들이 그들을 만나도록 주선했을 것입니다.

'농작물을 심지만 수확물을 거두지 못할 것이다'라는 말은 누가 들어도 저주의 말입니다. 겉으로만 보면 분명 그렇습니다.

예를 들어, 하나님의 말씀을 듣지 않고 명령을 지키지 않는 사람들에게 내릴 저주 가운데 하나로 『성경』에 이런 이야기가 나옵니다. "너희의 수고가 헛될지라. 땅은 그 산물을 내지 아니하고 땅의 나무는 그 열매를 맺지 아니하리라."(「레위기」 26:20)

이 말과 유사한 위의 말은 자식을 낳지 못할 것이라는 저주일 수도 있고, 수고를 하더라도 생업에서 성과를 거두지 못할 것이라는 저주일 수도 있습니다.

그러나 훌륭한 아버지는 저 말을 재해석하여 겉으로 보이는 저주가 사실은 큰 축복임을 아들에게 알려줍니다. 자식이 단명하지 않으리라는 얘기라고 해석한 것입니다. '아, 그렇게 해석할 수도 있구나!' 하는 놀라움이 들지 않습니까?

여기서 궁금한 것은 랍비들이 전통적인 방식으로 축복을 하지 않은 이유입니다. 축복을 행하는 일반적인 방식을 사용했다면 아들이 혼란스러워하거나 당황하지 않았을 것이기 때문입니다. 랍비들이 어린 아들을 갖고 논 것이 아닌가 하는 의심이 들 수도 있습니다.

앞의 우화 속에서 랍비들은 많은 축복이 계속해서 주어지더라도 축복을 변별할 수 있는 안목이 없다면 축복을 알아차릴 수 없음을 넌지시 제시하고 있습니다.

이는 햇빛에 비유할 수 있습니다. 햇빛은 우리가 사물을 보는 것을 돕고, 모든 생명체가 살아갈 수 있게 해줍니다. 그런데 햇빛이 지나치게 강해진다면 어떻게 될까요? 생명체는 살아가기 힘들어질 수 있고, 눈이 멀 수도 있습니다. 이처럼 좋은 것이 금방 나쁜 것으로 변질될 수 있습니다.

랍비들이 스승의 아들에게 전해주고 싶은 메시지는 어떤 말이든 사물이든 현상이든 밑바닥에 흐르는 것을 알아차릴 수 있는 능력을 갖춘 사람이 되라는 것입니다.

일부 랍비들은 저주를 고난이나 역경으로 해석하기도 합니다. 고난이나 역경 속에 놓여 있을 때 그 겉모습에 압도된 사람은 당황하고 낙담하기 쉽습니다. 그러나 현명한 사람은 고난이나 역경의 밑바닥에 흐르는 의미를 발견해 낼 줄 압니다.

눈에 보이는 것에 좌우되지 않고 그 밑에 숨어 있는 것을 알아차릴 수 있다면 저주든 고난이든 그 어떤 것도 우리를 좌절시킬 수 없습니다.

일부 랍비들은 또다른 해석을 더합니다. 우리가 받는 축복이 참으로 많지만 이를 받아들이는 것은 어렵다는 이야기입니다. 그들은 유대인의 역사적 경험을 통해서 이를 증거하고 있습니다. 하나님은 축복을 주었지만 이스라엘 민족이 이를 받아들이는 것이 어려웠다는 이야기입니다.

예를 들어, 하나님은 유대인에게 토라, 이스라엘 땅, 선지자, 두 개의 성스러운 성전 등을 주었습니다. 그러나 그들은 그런 축복을 받을 때마다 우상이나 다른 사적인 욕심에 눈길을 주느라 축복을 받아들이지 못했습니다.

✤ 현대인들에게 주는 메시지

살면서 우리는 예기치 않은 좋지 않은 일들을 만날 수 있습니다. 그런 일들은 남들의 오해, 비난, 저주 같은 모습을 하고 있을 수 있습니다. 때로는 고난의 모습일 수도 있습니다. 그런 일이 있을 때일수록 대부분의 사람들이 할 만한 해석을 따르지 말고 자신의 관점에서 재해석할 수 있어야 합니다.

예를 들어, 어떤 사람이 말이나 글로 여러분에게 상처를 주는 일이 일어났다고 합시다. 그럴 때 대부분은 화를 내거나 속상해합니다. 그런데 그런 일을 자신의 성장에 도움이 되는 계기로 삼을 수 있습니다.

저는 SNS 등에서 비난이나 비판을 받으면 답글을 잘 쓰지 않습니다. 공격하기로 생각한 사람을 논리적으로나 이성적으로 설득하는 일이 쉽지 않기 때문입니다.

과거에는 일일이 대응했던 적도 있습니다. 하지만 이제는 '저는 당신의 의견에 동의하지 않습니다' 정도로 마무리합니다. 이런 작은 습관으로 불필요한 감정 소모를 크게 줄일 수 있게 되었습니다.

좋은 일이든 나쁜 일이든 그것을 어떻게 바라볼 것인지, 어떻게 받아들일 것인지는 어느 누구도 강요할 수 없습니다. 오롯이 자신이 결정하는 것입니다. 마음에 상처를 주는 일들을 만나면 남들이 모두 받아들이는 메시지가 아니라 밑바닥을 흐르는 메시지에 주목해야 합니다.

요즘 경제 상황이 악화되고 삶의 여유가 없어진 탓인지 늘 화가 나 있는 사람들이 많습니다. 그들도 저마다의 고민이 있을 것입니다. 자신의 생각과 다른 의견을 접하면 순간적으로 욱할 수 있습니다. 이때 슬기롭게 상대방의 속마음이나 입장을 이해하면 화를 줄일 수 있습니다.

또 하나 중요한 것은 축복을 헤아려보는 습관을 갖는 것입니다. 앞에서 이야기한 햇빛의 비유처럼 우리는 일상적으로 일어나는 일이나 늘 주변에 있는 것들을 당연하게 여기기 쉽습니다.

그런 고마운 것들을 당연하게 여기지 말고 하나하나 헤아려본다면 작은 축복을 감사하게 여길 수 있습니다. 그런 일들이 이어지면 외부로부터 주어지는 소소한 불쾌함이나 어려움을 극복하는 힘을 비축할 수 있을 것입니다.

갈대처럼 부드러워라

> "사람은 삼나무처럼
> 딱딱하지 말고 갈대처럼 부드러워야 한다.
> 갈대가 부드럽기 때문에
> 토라를 적는 깃촉이나 성서 구절을 적어 넣는
> 양피지를 만드는 데 사용할 수 있는 것이다."
>
> 「타니트」 20b

"글의 간격이 빼곡해서 읽기가 힘든데, 문장 사이에 간격을 좀 두면 어떨까요?" 얼마 전 지인이 시간을 들여서 인터넷에 좋은 글을 올렸는데 제가 읽기가 좀 힘들어서 지나가는 말처럼 조언한 적이 있습니다. 웹에서 접하는 글의 경우 아무리 내용이 좋아도 줄 간격이 빽빽하면 읽기가 힘듭니다.

그런데 지인에게서 다소 의외의 답이 돌아왔습니다. "읽기가 힘들면 그냥 읽을 수 있는 곳까지만 읽으세요." 저는 순간적으로 좀 당황했습니다. 전혀 예상하지 못한 답이었기 때문입니다. 잠시 분위기가 어색해져서 얼른 웃으면서 화제를 돌렸던 기억이 납니다.

저는 오래전부터 제 홈페이지의 메일 회원들에게 글을 보내왔습니다. 한번은 모임에서 저의 메일 회원이기도 한 나이든 사업가분이 제게 이런 이야기를 했습니다. "보내주시는 글이 도움은 되는데 글자 크기가 너무 작아서 읽기가 힘듭니다."

저는 그 말을 듣고 바로 "고맙습니다. 즉시 고치도록 하겠습니다" 하고 약속했습니다. 그리고 모임에서 돌아오자마자 약속한 대로 직원들과 의논해서 프로그램을 수정하여 글자 크기를 조정했습니다.

사용하는 사람의 입장에 서보지 않으면 가질 수 없는 귀한 아이디어를 그분이 제게 제공한 것입니다. 그분이 지적하지 않았더라면 오랫동안 많은 분들이 작은 글자 크기 때문에 힘들어 했을 것이고, 저는 그런 사실을 모른 채 개선하지 못했을 것입니다.

위의 두 사례는 사소한 일들이지만 주목할 만한 의미가 있습니다. 그 사람이 평소에 자신의 문제와 주변 사람들의 의견을 어떻게 대하는지 보여주기 때문입니다.

우리는 완벽함과는 거리가 먼 존재들입니다. 언제든 실수할 수 있고, 우리가 고심 끝에 찾아낸 문제의 해결방법들도 개선해야 할 여지가 있습니다. 자신이 완벽하지 않다는 사실을 인정하고 늘 겸허한 마음을 가져야 합니다.

특히 주변 사람들의 조언에 항상 귀를 활짝 열어두어야 합니다. '여러분이 제공하는 모든 조언은 대환영입니다'라는 마음으로 살아야 합니다. 그런 개방적인 자세가 자신을 성장시키고 사업을 발전시키는 데 도움이 됩니다.

그런 자세는 선택해도 그만, 선택하지 않아도 그만인 것이 아닙니다. 더 나은 상태나 결과를 만들기 위해 노력하는 사람이라면 항상 열린 태도를 지녀야 합니다.

이런 개방성에는 겸허한 자세가 자리 잡고 있습니다. 자신의 의견이나 해법이 언제든 틀릴 수 있다는 마음을 갖고 있기 때문에 늘 남들의 의견을 받아들일 수 있는 것입니다.

무엇이든 더 잘할 수 있는 방법을 찾을 수 있을 거라고 생각하는 사람이라면 타인의 작은 조언에도 긍정적인 반응을 보일 수 있습니다. 이런 긍정적인 반응이 자신에게 유익함을 줍니다. 동시에 '고맙습니다' 혹은 '대단한 아이디어입니다'라고 화답함으로써 조언을 준 사람에게 감사를 표현하고 나아가 그 사람을 격려할 수도 있습니다.

삼나무 같은 사람이란?

여기서 앞에 소개한 인용문에서처럼 삼나무와 갈대의 대조적인 이미지를 떠올려볼 수 있습니다. 삼나무 같은 사람은 어떤 사람일까요?

삼나무처럼 딱딱하여 자기주장만을 고수하며 인간관계에서든 일을 할 때든 유연하지 못하고 개방적이지 못합니다. 그런 사람이 환영받기는 쉽지 않을 것입니다. 가능한 한 갈대처럼 부드럽게 유연성을 유지하도록 노력해야 합니다.

유대인들은 『탈무드』를 대할 때도 유연한 자세를 잃지 않았습니다. 다양한 해석을 허락하고, 토론과 논쟁을 당연하게 여겼습니다. 모세 오경을 해석함에 있어서 갈대와 같은 유연한 태도와 마음가짐을 갖고 있었던 것입니다.

유대인들은 엄혹한 환경을 경험하면서 좋은 아이디어가 반드시 나이가 많은 사람이나 직급이 높은 사람에게서 나오는 것은 아니라는 사실을 깨달았습니다. 그래서 교육을 하면서도 아이들에게 '남들과 다른 각자의 답을 내놓아라' 하고 늘 강조합니다.

한편 『탈무드』에는 '갈대'라는 표현과 관련해서 또 하나의 귀한 지혜가 전해져옵니다. 결속을 떠올리는 지혜입니다.

"갈대 묶음은 누구도 한 번에 부러뜨릴 수 없다. 그러나 갈대 하나는 어린아이조차 부러뜨릴 수 있다. 이처럼 이스라엘(유대인들)은 모두가 하나의 묶음이 되면 명예를 되찾을 수 있을 것이다." ―「탄후마 주해서」1

어떤 조직이든 나라든 어려움을 헤쳐나갈 때는 힘을 모으고 뜻을 모아야 합니다. 우리나라처럼 강대국들에 둘러싸인 나라는 뜻과 힘을 모으는 일이 반드시 필요합니다. 강대국들은 자신의 국익을 위해 주변국들 내부의 분열을 방조하거나 조장하는 일을 벌일 수 있습니다.

또한 우화 작가인 유대인 여호수아 스타인버그(Yehoshua Steinberg)가 펴낸 잠언집에는 어떤 사람이 되어야 하는지에 대해 다음과 같은 말이 나옵니다.

"삼나무의 크기는 그림자로 측정되지만, 한 인간의 크기는 겸손으로 측정된다." ─「여호수아 잠언」

하늘로 솟아 있는 나무의 크기를 사람이 도구 없이 측정할 수 없습니다. 단, 그림자를 보면 그 나무의 크기를 가늠할 수 있습니다.

스타인버그는 인간의 경우 그 내면의 깊이와 넓이를 가늠할 수 있게 하는 것이 겸손이라고 말하고 있습니다. 자신을 낮추는 것이 한 인간의 됨됨이를 보여주는데 얼마나 중요한지를 강조하는 말입니다.

누군가가 어떤 사람인지 알고 싶다면 그가 얼마나 겸손한지를 유심히 보세요. 그 속에 해답이 들어 있을 것입니다.

6

입을 다스리지 못하면 화를 당할 수 있다

"명예도 불명예도 말에서 나온다.
혀가 파멸을 가져올 수 있다.
한 입으로 두 말 하지 마라.
그리고 혀로 사람을 잡는 일이 없도록 하라."

『벤 시락의 지혜(집회서)』 5:13~14

"당신은 어떤 대상이나 어떤 일에 자주 감탄합니까?"

여러분이 이런 질문을 받는다면 어떤 답을 하겠습니까?

저는 자주 감탄하게 되는 대상으로 '즉흥 연설에 뛰어난 사람'이 떠오릅니다. 크고 작은 모임에서 불시에 주어지는 마이크를 들고 꽤 긴 시간 동안 이런저런 이야기를 조리 있게 펼치는 사람들을 보면 저는 입이 떡 벌어집니다. '어떻게 저렇게 말을 잘할 수 있을까?' 감탄을 연발하게 됩니다.

저처럼 강연을 전문으로 하는 사람도 즉흥 연설은 쉽지 않습니다. 이야기가 두서없이 어디로 튈지 걱정되기 때문입니다. 준비되지 않은 상황에서 10~20분 정도의 즉흥 연설을 요청받으면 저는 반드시 종이에 아이디어를 정리합니다. 말하고 싶은 핵심을 큰 글씨로 메모한 다음 마이크를 잡아야 큰 실수를 하지 않고 시간 내에 전달하고 싶은 메시지를 모두 전할 수 있습니다.

사람에 따라 즉흥 연설 능력은 다르기 때문에 모두가 저처럼 준비할 필요는 없습니다. 하지만 간단한 이야기라도 여러 사람 앞에서 할 때는 누구든 긴장합니다.

이야기를 하다 보면 머리와 입이 따로 노는 경우가 많습니다. 말이 많아지고, 쓸데없는 말을 반복하게 되고, 이야기는 자신이 통제할 수 없는 방향으로 가기 쉽습니다.

입에서 나오는 말에 일정한 방향을 제시하기 위해서는 메모하는 것이 상당히 도움이 됩니다. 전달하려는 내용의 핵심 단어를 메모하지 않은 채 이야기를 하다 보면 말을 멈추기도 힘들기 때문입니다.

김영삼 정부 시절, 삼성의 이건희 회장은 베이징에서 한 기자회견에서 본심을 말로 드러내어 곤혹스러운 적이 있습니다. 그 유명한 '정치는 4류, 정부는 3류, 기업은 2류' 발언입니다.

틀리지 않은 말이었을지 몰라도 이 회장이 불쑥 던진 이 한마디로 청와대는 분노했고, 그 분노를 풀기 위해 실무를 담당한 사람들이 상당 기간 고생했다고 합니다.

한편 김영삼 전 대통령은 '일본 놈들 버르장머리를 고쳐놓겠다!'는 발언을 했는데, 대통령이 하기에 적절한 표현은 아니었습니다. 이후 이 발언은 한일 관계에 영향을 미치기도 했습니다.

비슷한 일이 우리의 일상생활에서도 일어납니다. 분위기에 젖거나 방심하면 말실수를 할 수 있고, 지나친 표현이 튀어나올 수 있습니다.

한 박자 천천히 말하기

말은 남에게도 하는 것이지만 자신에게도 하는 것입니다. 내가 하는 말을 가장 먼저 듣는 사람이 자신임을 잊지 않아야 합니다. 가능하면 살리는 말, 힘이 되는 말, 격려하는 말을 하도록 노력해야 합니다. 재기가 넘치는 사람일지라도 가급적이면 한 박자 늦춰서 말하는 것이 좋습니다. 『탈무드』는 말의 속도에 대해서도 귀한 조언을 줍니다.

"듣기는 빨리 하고 말하기는 더디 하여라. 네가 알거든 묻는 사람에게

대답을 하고 모르거든 가만히 있어라." ─「벤 시락의 지혜(집회서)」 5:11~12

말하는 속도를 한 박자만 늦추면 자연스럽게 한 번 더 말을 되새길 시간이 있습니다. 「잠언」에서는 조급하게 말하는 사람보다 차라리 미련한 자를 더 높이 치겠다고 말합니다. "네가 말이 조급한 사람을 보느냐. 그보다 미련한 자에게 오히려 희망이 있느니라."(「잠언」 29:20)

아울러 표현의 수위를 낮춰서 말하는 것을 생활화하는 게 좋습니다. 특히 부정적인 말일수록 수위를 낮추는 게 좋습니다.

7

누군가와 맞서는 일은 신중히

"권력자와 맞서지 마라. 그의 손에 망할까 두렵다.
부자와 싸우지 마라. 그의 금력에 눌릴까 두렵다.
말 많은 사람과 다투지 마라.
그것은 불에 장작을 넣는 것과 같다."

『벤 시락의 지혜(집회서)』 8:1~3

'부러질 정도로 완강한 입장을 취하지 마라.'

『탈무드』가 제시하는 처세법의 핵심입니다.

선과 악, 빛과 그림자, 옳고 그름 등은 뚜렷하게 나뉩니다. 책이나 영화 속에서 만나는 세상도 대개는 명확하게 구분할 수 있습니다. 그러나 현실은 그렇지 않습니다. 하지만 그렇지 않다고 이야기하기도 쉽지 않습니다.

권력이나 금력을 갖고 있는 자들에게 맞서는 데는 신중할 필요가 있다는 『탈무드』의 조언을 어떻게 받아들여야 할까요?

한번은 조직 생활에서 막 은퇴한 분과 대화를 나눴습니다. 저는 그에게 이런 질문을 했습니다. "조직 생활을 돌아보면 후회되는 일이 없습니까?"

그는 조금 망설인 끝에 이런 말을 들려주었습니다. "제 성격이 좀 칼 같은 면이 있습니다. 자의 반 타의 반 조직 내에서도 고용주와 맞설 때가 있었습니다. 일부러 그런 상황을 만든 것은 아닌데 어쩌다 보니 제가 고용주에 맞서는 대표 역할을 하게 된 셈이었죠.

그때는 흑과 백을 명확히 나누는 것이 최선인 줄 알았는데, 시간이 가면서 생각이 좀 달라지더군요. 조금 더 부드럽게 했더라면 좋지 않았을까 하는 생각이 들었어요. 상대방의 입장을 조금 더 들여다보면 그렇게 세차게 부딪칠 필요가 없거든요.

아무튼 그런 일들이 누적되면서 저는 조직 생활을 마무리할 때까지 불이익을 많이 당했습니다. 지조를 지켰다는 자부심도 들지만, 조금 더 부드러운 의사결정이 필요했다는 생각이 들기도 합니다."

너무 강경하지도, 비겁하지도 않게

성품이 온화하고 때로는 우유부단한 사람들이 있습니다. 이들은 대체로 옳고 그름을 따지기보다는 대세에 순응하며 살아갑니다. 반대로 기질 면에서 옳고 그름을 명확히 구분하고 자신의 기준에 맞지 않으면 충돌도 마다하지 않는 사람들이 있습니다.

이것은 기질 문제이기 때문에 바꾸기가 쉽지 않습니다. 하지만 충돌

하는 데 익숙한 성격을 가진 사람이라면 이해나 의견이 맞부딪치는 일이 발생하면 한 번 더 숙고할 필요가 있습니다. 잠시 멈춰 서서 한 번 더 생각할 필요가 있습니다.

앞에 소개한 『탈무드』의 조언은 강한 성격의 사람도 나이가 들어가면서 대체로 공감하게 되는 내용을 담고 있습니다. 하지만 위의 조언이 비겁하기를 권하는 것은 결코 아닙니다. 너무 완강한 입장을 취하지 말라는 조언은 그 강경함이 자기중심적이거나 좁은 소견에서 나올 수 있음을 주의하라는 것입니다.

또한 『탈무드』는 속마음을 털어놓는 일의 위험성에 대해서도 냉정한 조언을 아끼지 않습니다. 어떤 사람이나 조직이 딱한 사정에 처하게 되는 경우, 외부 환경의 악화가 원인일 때도 있지만 내부의 모반에 의해 무너지기도 한다는 것을 경고하고 있습니다.

> "어리석은 자와 마음을 털어놓고 의논하지 마라. 그는 비밀을 지킬 줄 모른다. 비밀에 속하는 일을 모르는 사람 앞에서 행하지 마라. 그가 그 것을 어떻게 이용할지 알 수 없다. 아무에게나 마음을 털어놓지 마라. 누구나 네 마음을 받아주지는 않는다." —『벤 시락의 지혜(집회서)』 8:17~19

여러분은 이 조언에 대해 어떤 생각이 듭니까? 저는 사람이란 자신의 이익에 따라 얼마든지 변할 수 있는 존재이기 때문에 위의 조언이 옳다고 생각합니다.

누군가와 비밀을 나눈다면 서로 이익이 일치할 때에만 그 비밀이 유지될 수 있습니다. 서로 이해가 엇갈리게 되면 그 비밀은 얼마든지 상대방을 공격할 수 있습니다. 본래 사람은 비밀을 가슴에 담아두기 힘든 존재입니다. 누구에게든 '우리끼리 이야기인데'라는 단서를 단 채 비밀을 이야기하는 존재가 보통의 인간입니다.

여러분의 입에서 한 번 나온 이야기는 아무리 비밀로 하고 싶어도 공개된 정보가 될 수밖에 없음을 기억하기 바랍니다.

처세에 왕도는 없습니다. 하지만 사람 사는 곳은 과거나 지금이나 크게 차이가 나지 않습니다. 사람들이 어우러져 살기 때문에 예나 지금이나 인간관계는 중요합니다. 그리고 사람의 본래 모습은 고대나 현대나 크게 변하지 않았습니다. 세상이 달라졌다고 해도 『탈무드』가 전하는 처세에 대한 지혜는 지금도 유효합니다.

8

힘을 가진 사람이 더 자신의 이익에 밝다

> "힘을 가진 사람들을 조심하라.
> 그들은 이익이 되지 않는 한
> 자기 곁에 어떤 사람도 두지 않는다.
> 그들은 자신에게 이익이 될 때는 친구처럼 행동하지만
> 상대가 자신을 필요로 할 때는 함께하지 않는다."
>
> 「피르케이 아보트」 2:3

'힘을 가진 사람들을 주의하라'는 『탈무드』의 조언은 인간의 중요한 단면을 예리하게 지적한 말입니다. 여기서 힘이란 돈일 수도 있고 권력일 수도 있고 명성일 수도 있습니다. 남들이 부러워하는 것을 가지고 있다면 힘을 가진 사람이라고 부를 수 있습니다.

힘을 가진 사람들은 자신이 추구하는 목표를 성취하는 데 상당한 성과를 거둔 사람들입니다. 이들은 나름의 효과적인 방법을 갖고 있고 이를 잘 활용해서 자신의 목표를 성취했을 것입니다.

예를 들어, 권력을 쥐는 데 성공한 사람이 있다고 합시다. 그는 권력을

얻는 데 도움이 되는 사람들을 움직이는 나름의 특별한 능력을 갈고닦아 온 사람들입니다. 그들은 주변 사람들을 움직이는 데 뛰어난 능력이 있을 것입니다.

사람을 움직인다는 것은 사람을 부리거나 이용하는 것이라고 말할 수 있습니다. 권력을 지닌 사람들은 일뿐만 아니라 사람에 대해서도 맺고 끊는 것이 명확하기 때문에 성공할 수 있었을 것입니다.

큰 부를 성취하는 데 성공한 사람들 역시 주변 사람들을 움직이는 특별한 재주를 갖고 있을 것입니다. 자신에게 도움을 줄 수 있는 사람을 변별하는 능력이 뛰어날 뿐만 아니라 그들을 움직이는 능력도 있습니다. 쓸모가 없어진 사람들과의 관계를 명확하게 정리하는 데도 능숙합니다.

힘을 가진 사람들이 처음부터 사람을 움직이는 재주를 갖고 있었을 수도 있습니다. 아니면 계속해서 사람을 움직이는 일을 하면서 능력을 차곡차곡 발전시켜 왔을 수도 있습니다. 어떤 경우든 자신의 이익에 맞추어서 주변 사람들을 자기 의도대로 움직이는 특별한 능력을 갖게 되었을 것입니다.

인간관계의 냉정한 법칙

『탈무드』의 조언은 힘을 가진 사람의 주변에 있는 사람들에게 주는 것입니다. 현자들이 말하고 싶은 속내는 다음과 같을 것입니다.

"당신이 따르고 의지하고 모시는 사람이 있다면 그 사람은 사람을 움직이는 면에서 뛰어난 능력을 가진 사람임을 잊지 마세요. 그 사람은 당신이 자기 이익에 도움이 되면 옆에 두고 이용하겠지만 활용 가치가 없다면 버리는 것을 당연하게 여기리라는 사실을 잊지 말기 바랍니다."

건설업으로 크게 성공했지만 다른 분야로 사업을 확장하다가 몰락한 한 사업가를 만난 적이 있습니다. 이제는 고인이 된 그분은 저에게 이런 이야기를 들려주었습니다.

"사업가에게 필요한 덕목 가운데 하나가 명확하게 사람을 정리하는 능력이에요. 사람과 관계를 맺다 보면 과거의 인연 때문에 어느 정도까지는 도움을 줄 수 있습니다. 그러나 그 정도에 대해 도움을 주는 사람과 받는 사람 사이에는 차이가 있어요. 적절한 때에 그런 관계를 깔끔하게 청산하지 못하면 사업을 계속 성장시키기는 힘들어요."

이런 말을 냉정하다고 느끼는 분도 있을지 모릅니다. 하지만 세상이란 본래 이익을 주고받는 촘촘한 망으로 구성되어 있습니다. 이익이 있으면 모이고 이익이 없으면 흩어지는 것이 사람 사는 곳의 본래 모습이라 해도 과언이 아닙니다.

『탈무드』는 앞의 인용문과 유사한 다음과 같은 조언도 들려줍니다.

"잘되는 가게의 문 앞에는 많은 친구들과 친척들이 모인다. 반면에 쇠락하는 가게의 문 앞에는 친척도 친구도 없다." ―「샤바트」 32a

모든 인간관계에서 관찰할 수 있는 일입니다. 나누어줄 것이 있는 사람의 주변에는 늘 사람들이 꼬입니다. 반대로 나누어줄 것이 없으면 언제 그런 일이 있었나 싶을 정도로 모였던 사람들이 흩어집니다.

이익에 따라 사람들이 몰려다니는 것이 자연스러운 모습이겠지만, 지나치게 민감하게 이익에 따라 움직이는 사람들을 보면 마음이 다소 불편해지는 것이 사실입니다. 마음이 편하지 않지만 피할 수 없는 진실이기도 합니다.

이러한 인간관계의 참담함이나 쓸쓸함으로부터 자유로워지려면 남에게 줄 수 있는 것을 가져야 한다는 이야기일 수도 있습니다. 나아가 뭔가를 남에게 베풀 때도 '내가 좀더 쓰겠다'고 생각하고 돌려받을 기대를 하지 않으면 베푸는 자체에서 행복을 느낄 수 있을 것입니다.

구멍 뚫린 배

한 무리의 사람들이 배를 타고 가고 있었다. 그런데 그들 가운데 한 사람이 송곳으로 좌석 밑에 구멍을 파기 시작했다. 다른 여행객이 "당신 지금 대체 무슨 짓을 하고 있는 거요?"라면서 그 사람을 비난했다.

그러자 그 사람은 구멍을 계속 파면서 이렇게 말했다. "무슨 상관이에요? 당신 일도 아닌데! 난 지금 내 자리 밑에 구멍을 뚫고 있을 뿐이라고요. 알겠어요?"

그때 배에 물이 차기 시작했다. 배에 탔던 모든 사람들이 외쳤다. "당신은 지금 우리 모두를 위한 배를 침몰시키고 있는 거라고요!"

— 「레위기 주해서」 4:6

'내가 좋으면 하는 거고, 내가 싫으면 안 하는 겁니다!' '댁의 일 아니니까 신경 끄세요!'라고 말하는 사람을 만나면 어떻게 해야 할까요? 2세기에 살았던 랍비 시몬 바 요차이가 앞의 우화를 통해서 우리에게 하고 싶은 이야기는 무엇일까요?

앞의 우화와 밀접하게 연결된 『성경』의 예화가 소돔과 고모라의 멸망입니다. 소돔과 고모라는 동성애가 유행하여 망한 것으로 알려져 있습니다. 하지만 랍비들은 동성애 외에 다른 멸망 원인을 추가합니다.

소돔과 고모라는 풍요로운 자연환경을 지닌 도시였습니다. 사막 한가운데에 오아시스를 형성하고 있던 소돔과 고모라는 젖과 꿀이 흐르는 곳이었을 뿐만 아니라 금과 은이 풍부한 지역이었습니다.

그 풍요로움에 취한 소돔과 고모라 사람들은 독특한 윤리와 도덕을 만들어내는데, 그것이 바로 극단적 개인주의입니다. 나만 생각하면 되고 남이 죽든 말든 내가 알 바 아니라는 것이지요. "나에게 속한 것은 나의 것이고, 당신에게 속한 것은 당신의 것이다."(「피르케이 아보트」 5:10)

소돔과 고모라 사람들은 노약자와 병자, 노인들을 배려하지 않았습니다. 뿐만 아니라 다른 지방에서 온 나그네들을 박해하고 가혹하게 다루었습니다. 국경은 엄격하게 봉쇄되었고, 몰래 들어온 이방인들은 멸시를 당했을 뿐 아니라 가혹한 처우에 고통 받아야 했습니다.

빠른 시간 안에 불친절함은 무자비함으로 바뀌었고, 그런 태도는 도시민들 사이에 공유되고 후대에 전해졌습니다.

요컨대 극단적인 개인주의가 소돔과 고모라 몰락의 큰 원인이 되었다는 것이 랍비들의 주장입니다. 이를 상징적으로 표현하면 '그건 내 문제가 아니야'라는 태도가 소돔과 고모라의 몰락을 불러왔다는 것입니다. 다들 자기 이익만 생각할 뿐 공동체 전체의 이익에는 신경 쓰지 않았고, 그 결과는 공동체의 몰락이었습니다.

✢ '배'라는 사회와 그 속의 개인들

이 우화에서 배는 다양하게 해석할 수 있습니다. 좁게 해석하면 배는 유대 사회를 뜻합니다. 유대 사회는 같은 배를 탄 수많은 유대인들로 구성되어 있습니다. 그들은 각자의 욕망과 기대를 갖고 있습니다. 송곳으로 자신의 좌석 밑에 구멍을 뚫는 사람도 한 명의 유대인입니다. 그리고 이를 꾸짖는 사람도 또다른 유대인입니다.

송곳은 무엇을 뜻할까요? 악행을 가리킵니다. 유대 사회에 속하는 한 개인이 악행을 범한다면 그 파급효과는 그에게만 미치는 것이 아니라 유대 사회 전체에 미칩니다.

예를 들어, 유대 사회에서도 결정적인 시기에 사회 전체에 막대한 피해를 입히는 배신자들이 등장하곤 했습니다. 악행 가운데 빼놓을 수 없는 것이 배신입니다.

유대인들이 살던 곳은 그들의 조국이 아니었습니다. 그들은 체류하는 국가와 사회로부터 시기와 미움을 받았습니다. 따라서 유대 사회는 유대인 한 사람의 바람직하지 않은 행동으로 인해 유대인들 전체가 매도되는 일을 두려워하고 경계하였을 것입니다.

이 우화에는 그런 유대인의 역사적 경험이 고스란히 담겨 있습니다.

한 유대인의 악행은 그에게만 미치는 것이 아니라 유대 사회에 속하는 모든 유대인에게 영향을 미칠 수 있다는 것입니다.

조금 다르게 해석하는 의견도 있습니다. 배를 생명으로 해석하는 것입니다. 그 의견에서는 물을 '고통이나 곤경, 혹은 부정적인 것'으로 받아들입니다.

배에 타고 있는 사람들은 사회를 통해 서로 생명을 나누고 있습니다. 만일 한 사람이 그 생명을 부수려고 시도한다면, 그 시도는 서로 연결되어 있는 다른 사람들에게 부정적인 영향을 미치게 됩니다. 배에 구멍을 내는 사람은 부정적인 영향을 사회 속으로 불러들이는 사람입니다.

사람이 사는 사회는 어떤 곳이든 부정적인 영향을 끼치는 사람들이 있게 마련입니다. 이들은 자신의 이익이나 사악한 의도 때문에, 혹은 별생각 없이 악행을 저질러 사회를 혼란스럽게 만듭니다.

♣ 그물망처럼 연결되어 있는 사람들

앞의 우화는 "그 어떤 사람도 섬이 아니다(No man is an island.)"라는 말을 떠올리게 합니다. 영국의 시인 존 돈(John Donne)의 산문 「뜻하지 않은 일들에 대한 묵상(*Devotions upon Emergent Occasions*)」에 나오는 말입니다.

우리가 하는 사소한 행동은 우리 자신에게만 영향을 미치는 것이 아니라 우리를 둘러싸고 있는 많은 사람들에게 영향을 미칩니다. 모든 사람은 그물망처럼 서로 연결되어 있기 때문입니다.

여러분은 이 우화에서 배에 구멍을 뚫는 사람을 보면서 누가, 어떤 행동이 떠올랐나요? 저는 사회에 큰 타격을 주는 악행 두 가지가 생각났습니다.

하나는 자신의 조국을 몰락시키기 위해 적과 내통하는 배신입니다. 사악한 의도를 가졌든 무지 때문에 그리 되었든 공동체에 대한 배신은 큰 피해를 남깁니다.

인류 역사를 보면 조국을 배신하는 일은 무수히 많았습니다. 인간의 사익은 너무나 강하기 때문에 본인과 가족의 영달을 위해서 조국을 배신하는 일은 얼마든지 일어날 수 있습니다.

또 하나의 악행은 정치와 관련된 것입니다. 민주주의는 표로 움직이는 체제입니다. 따라서 표를 미끼로 선심성 정책을 내세우는 사람들이 나오게 마련입니다. 이런 사람들을 흔히 '포퓰리스트'라고 부릅니다.

중장기적으로 보면 사회에 치명적인 타격을 입힐 수 있는 정책이라도 선거에 이기기 위해 일단 내세우고 보는 정치인들이 있습니다. 이들은 배에 구멍을 뚫는 사람이나 다름없습니다.

아쉽게도 사람들은 그들이 제시하는 '공짜'에 놀아날 가능성이 높습니다. 사람은 당장 자신에게 이득이 되는 것에 마음이 혹할 수 있기 때문입니다. 사람들이 '그 정치인이 우리 배에 구멍을 뚫기 시작한 사람이었구나!' 하고 깨달을 때면 이미 사회는 위기를 경험하고 있을 것입니다.

5장

진정한 행복은 영혼 관리에 있다

"사람은 행복할 때는 불행을 잊고,
불행할 때는 행복하던 때를 잊는다."
『벤 시락의 지혜(집회서)』 11:23~25

온전한 평화와 행복으로 가는 길을 찾아서

"모세와 제사장들의 축복을 받은 후에도
사람들이 '평화를 달라'고 말하는 이유는 무엇일까?
『성경』에는 이렇게 기록되어 있다.
'그들이 이같이 내 이름으로 이스라엘 자손을 축복할지니
내가 그들에게 복을 주리라.'(『민수기』 6:27)
'여호와께서 자기 백성에게 힘을 주심이여
여호와께서 자기 백성에게 평강의 복을 주시리로다.'(『시편』 29:11)"

「메길라」 18a:30

나라마다 사람을 만났을 때 하는 인사말이 있습니다.
유대인들은 '샬롬(shalom)'이라고 인사합니다. 유대인들에게 '샬롬'이라
는 인사는 단순히 '안녕하세요'라는 말이 아니라 '당신의 모든 삶(내적,
외적, 물질, 관계)에 하나님으로부터 비롯되는 온전한 평화가 깃들기를
기원합니다'라는 뜻이 담겨 있습니다.

우리말로 평화나 평강으로 해석되는 히브리어 단어 샬롬은 완전, 견

실, 건강, 온전, 번영, 평온, 성공, 행운, 행복 등을 폭넓게 뜻하는 말입니다. 여기서 행복도 세속적인 행복과 구분하여 완전한 행복으로 이해할 수 있습니다. 샬롬은 유대인들이 자주 사용하는 단어로, 『구약성경』에도 모두 237번이나 등장합니다.

『성경』에 등장하는 '샬롬'이라는 단어에도 물질적인 번영, 육체적인 안전, 의(義, 의로움, 의인은 하나님의 말씀을 받아들여 그 가르침대로 살아가는 사람), 진리와 관련한 영적 행복이 모두 포함됩니다.

예를 들어, "내가 평안히 눕고 자기도 하리니 나를 안전히 살게 하시는 이는 오직 여호와이시니이다"(「시편」 4:8)라는 구절에서 샬롬은 육체적인 안전을 뜻하고, "내 하나님의 말씀에 악인에게는 평강이 없다 하셨느니라"(「이사야」 57:21)라는 구절에서는 영적 행복을 뜻합니다.

변하는 행복과 변하지 않는 행복

『탈무드』는 완전한 평화란 인간의 노력으로 얻을 수 있는 것이 아니라 하나님으로부터 주어지는 복(blessing)이라고 말합니다. 유대인들은 이처럼 평화의 원천을 인간적인 노력이 아니라 하나님에서 찾고 있습니다.

『탈무드』의 또다른 부분에서는 하나님이야말로 평화의 원천임을 이렇게 말합니다.

"하나님은 평화이다. 하나님의 이름은 평화이며 모든 것은 평화 속에

서 하나로 묶인다." —『조하르』,『레위기』10b

　사람은 늘 변화하는 존재입니다. 방금 전까지 기분이 좋았다가도 어느새 나빠질 수 있는 존재가 사람입니다. '내 마음 나도 몰라'라는 표현에는 사람의 마음이 얼마나 쉽게 바뀔 수 있는지가 담겨 있습니다. 그렇다면 사람의 노력으로 얻는 평화는 언제든 깨질 수 있습니다.

　우리에게 평화와 행복을 주는 것들은 많습니다. 물질, 명성, 지식, 소유, 자녀 등. 그런 것들은 우리에게 일시적으로 평화와 행복을 줄 수 있습니다. 그러나 언제든 깨지기 쉬운 것들입니다. 그 가운데 '영원하다'고 할 수 있을 정도로 변함없는 것이 있을까요?

　『탈무드』는 인간이 노력으로 구할 수 있는 행복과 하나님이 주시는 행복을 뚜렷이 구분하여 앞의 것은 가변적인 행복으로, 뒤의 것은 불변의 행복으로 간주하였습니다.

　흥미로운 점은 서양 문명의 두 축을 형성하고 있는 그리스 전통과 유대 전통이 바라보는 행복이 다르다는 사실입니다. 그리스 전통은 대체로 우리가 아는 행복, 즉 인간적인 노력으로 얻을 수 있는 행복을 강조합니다. 반면에 유대 전통의 행복은 대체로 하나님으로부터 주어지는 행복을 말합니다.

　우리는 행복을 구하기 위해서 다양한 활동을 합니다. 어떤 사람은 사업을 통해서 행복을 구하기도 하고 어떤 사람은 공부를 통해서 행복을 구하기도 합니다. 또 어떤 사람은 소유를 통해 행복을 구하기도 하지요.

　사람이 노력으로 손에 넣을 수 있는 물질, 지위, 명성, 지식 등이 어느 정도 행복을 주는 것은 사실입니다. 우리가 그런 것을 추구해야 할 이유도 분명히 있습니다.

그러나 그 모든 것들은 늘 변화한다는 사실을 잊지 말아야 합니다. 변화하지 않는 행복과 마음의 평화를 얻을 수 있는 길을 찾는 것이 현명한 인간의 모습이 아닐는지요.

2

인간은 불완전한 존재임을 잊지 말라

> "마지막 흙이
> 그대의 관 위에 뿌려질 때까지
> 하나님께
> 긍휼을 베풀어달라고
> 기도하라."
>
> 랍비의 격언

현대인에게 기도는 익숙한 의식은 아닙니다. '어느 누구를 믿겠는가, 나 자신을 믿어야지'라는 신념을 갖고 살아가는 사람들이 많기 때문입니다.

미국의 저널리스트 데이비드 브룩스는 저서 『인간의 품격』에서 이 시대에 대해 다음과 같이 말했습니다.

"개인의 자율성을 존중하는 우리 시대 사람들은 자기 탐구에서 시작해 자기 성취로 끝나는, 다시 말해 자기에서 시작해 자기로 끝나는 방식으로 자신의 삶을 꾸려나간다."

현대인들의 이런 태도는 영국의 시인 윌리엄 어니스트 헨리(William Ernest Henley)의 시 「굴하지 않는 자(*Invictus*)」에도 잘 묘사되어 있습니다.

나를 감싸고 있는 이 밤
온통 칠흑 같은 암흑 속에서
나는 어떠한 신들에게든
내 굴하지 않는 영혼에 감사한다

잔인한 환경의 손아귀 속에서
나는 움츠리거나 소리 내어 울지 않았다
운명의 몽둥이질 아래서
내 머리는 피투성이지만 굽히지 않았다

분노와 눈물의 이 땅 너머로
어둠의 공포만이 어렴풋이 나타난다
오랜 위협 앞에서도
나는 결코 두려워하지 않을 것이다

그 문이 아무리 좁아도
아무리 많은 형벌이 날 기다려도 상관없다
나는 내 운명의 주인이며
나는 내 영혼의 선장이다

'나는 내 운명의 주인이며 나는 내 영혼의 선장이다(I am the master of my fate, I am the captain of my soul.)'라는 선언은 얼마나 당찬 주장입니까! 대부분의 현대인들이 비슷한 생각을 갖고 있을 것입니다.

이 책을 쓰던 중 소설가 이외수의 『자뻑은 나의 힘』이라는 책을 만났습니다. 그 책에는 다음과 같은 구절이 나옵니다.

"절실하고 절실하게 자뻑이 필요한 시대입니다. 자뻑은 한자어 스스로 '자(自)'에 우쭐거리며 자랑한다는 뜻의 우리말 '뻐기다'의 어근이 축약된 '뻑'이 합성된 말로 추정되는 단어로, 세간에 널리 쓰이는 신조어입니다. (……) 아무도 나를 광고해 주지 않습니다. 아무도 나를 위로해 주지 않습니다."

스스로의 힘으로 모든 것을 극복해 내려는 저자의 결기를 책 곳곳에서 확인할 수 있었습니다. 그의 주장은 다수의 현대인들이 택하고 있는 삶의 길이자 삶의 철학입니다.

하지만 인간은 불완전하고 나약한 존재

이처럼 많은 현대인들의 생각과 다르게 『탈무드』는 '자신을 믿고 따르라'는 주장에 단호하게 반대합니다. 『탈무드』는 우리에게 이렇게 묻습니다. '당신이 그렇게 단단한 사람인가? 혼자서 온갖 난관을 이겨낼 수 있을 정도로 탄탄한 존재인가? 당신은 굳센 결심에도 금방 허물어지는 자신에게 자주 실망하지 않는가?'

『탈무드』는 인간을 이상적인 존재로 보지 않습니다. 이상적인 존재는 커녕 인간을 대단히 불완전한 존재로 바라봅니다. 유대인을 비롯한 서구의 인간관은 부정적인 시각을 갖고 있는 것이 사실입니다.

도올 김용옥은 『중용 인간의 맛』이라는 책에서 서구의 부정적인 인간관이 인간의 실체를 직시하지 않고 불순한 의도에서 나온 거짓된 인간관이라고 말합니다.

"서구적 인간관의 특징은 인간을 일단 부정적으로 바라본다는 것이다. 인간을 애초부터 불완전한 존재로 규정하려는 것이다. 즉 그들은 인간의 정면(正面)을 바라보지 않고 부면(負面)을 바라보는 것이다. 태양 아래 빛나는 푸른 모습만 바라봐도 언어가 딸릴 판에 그들은 그늘만 쑤시고 다니는 것이다. 왜 그런가? 그 이유는 매우 간단하다. 그렇게 인간을 바라보아야만 종교적 권위를 장악한 제사장 그리고 권력계급들이 장사를 해먹을 수 있기 때문이다."

지금 저는 도올의 인간관에 동의하지 않습니다. 예전에는 저도 현대인들이 갖고 있는 보편적인 인간관 위에 삶을 구축했습니다. 인간은 자신의 노력으로 모든 것을 성취할 수 있다는 인간관 말입니다.

그러나 이런저런 도전을 하는 동안 성취할 수 있었던 것도 있었고 노력했음에도 성취할 수 없었던 것도 있었습니다. 그렇게 부침을 경험하고 삶에 대한 생각이 깊어지면서 '삶에는 내가 통제할 수 없는 영역이 매우 크다'는 깨달음을 얻기 시작하였습니다.

그러면서 인간을 바라보는 시각도 점점 변했습니다. 자신과 타인을 바라보면서, 아울러 영혼에 대해 집중적으로 공부하면서 인간관에 큰 변화가 생겼습니다. 인간은 처절할 정도로 불쌍한 존재라는 생각을 하게 되었고, 실수할 수밖에 없는 불완전하고 미약한 존재라는 사실을 받아들이게 되었습니다.

앞의 인용문을 통해 『탈무드』는 인간은 불완전하기 때문에 자신의 관 위에 흙이 뿌려지는 마지막 순간까지 하나님의 자비를 구해야 하는 존재일 수밖에 없다고 이야기합니다. 그렇기 때문에 늘 겸허하게 하나님께 자비와 축복을 구해야 한다고 이야기합니다.

스스로 인생을 개척하는 자세도 중요합니다. 하지만 자신은 불완전하고 나약한 존재라는 사실을 잊지 말고 자만하지 않고 겸허하게 살도록 노력해야 합니다.

3

고난은 바라보기 나름이다

"랍비 알렉산드리는 말한다.
'고통을 겪지 않는 사람은 없다.'
랍비 여호수아 벤 레비는 말한다.
'모세 오경의 말씀을 읽지 못하도록
막는 고통은 비난받아야 할 고통이다.
그러나 모세 오경의 말씀을 읽을 수 있는 고통은
하나님의 사랑으로 인한 고통이다.'"

「창세기 주해서」 92:1

슬픔이나 상실 같은 고통을 원하는 사람은 없을 것입니다. 하지만 고통은 삶의 피할 수 없는 부분입니다. 삶의 본질 가운데 하나가 고통이라는 말입니다.

랍비 알렉산드리가 말한 '고통을 겪지 않는 사람은 없다'라는 말은 '고통을 모른다는 것은 사람이 아니라는 뜻이다'라고 번역되기도 합니다. 그만큼 인간의 삶에서 고난이나 곤경은 피할 수 없다는 이야기입니다.

『탈무드』는 고통이나 고난에 대해 독특한 시각을 제공합니다. 우선 『탈무드』는 고통을 두 가지로 나누고 있습니다.

한 가지 고통은 모세 오경을 읽거나 실천하거나 세상에 참여하는 것이 방해를 받을 때 생기는 것입니다. 뭔가를 하고 싶은데 할 수 없다면 우리는 고통을 겪습니다. 예를 들어, 북한에도 지하교회가 있고 신앙을 지키기 위해 순교하는 사람들이 있습니다.

모퉁이돌선교회 이반석 목사는 미국 풀러신학대학원 박사학위 논문 「북한 지하교회에 대한 선교학적 이해」를 2009년에 발표했습니다. 그 논문에서 '현재 북한 지하교회 신도가 약 13만 5,000명에 이르며, 1,000개 이상의 지하교회가 활발한 활동을 하고 있다'라고 주장한 바 있습니다. 지하교회의 성도들은 『성경』을 읽을 수 없을 뿐 아니라 자신의 신앙을 고백할 수 없습니다. 그것은 성도들에게 큰 고통일 것입니다.

한편, 또다른 고통은 마음대로 모세 오경을 읽고 실천할 수 있는 상황에서 느끼는 고통입니다. 『탈무드』는 이런 고통을 '하나님의 사랑'이라고 말합니다. 고통을 겪더라도 생명의 원천인 모세 오경을 읽을 수 있기 때문에 참을 수 있습니다. 이때의 고통은 하나님이 사랑을 표현하는 하나의 방식이라는 말입니다.

실제로 『성경』은 믿음을 가진 사람들이 겪는 고통을 '용광로 시험'에 비유합니다. 더욱 신실한 믿음을 가진 사람이 되기 위해서 그런 시험은 필수불가결한 것으로 받아들이기도 합니다. 이것이야말로 하나님의 사랑의 표현이라고 말합니다.

후자의 고통은 이처럼 '하나님이 사랑을 표현하는 한 가지 방법'이기 때문에 '사랑의 고통'이라 불리기도 합니다. 랍비 라시는 '하나님의 사랑'으로 인한 고통에 대해 이렇게 설명한 적이 있습니다. "설령 어떤 사람에게 죄가 없더라도 하나님은 이 세상에 사는 어떤 사람에게 저세상에서 받을 상급을 크게 하기 위한 목적으로 응징하기도 한다. 그런 고통이 없었더라면 받았을 상급보다 훨씬 큰 정도까지 응징하기도 한다."

세상 사람들이 보기에 가혹한 고통을 당하고 있더라도 스스로 '이것은 하나님 사랑의 표현이다'라고 받아들인다면 고통 때문에 무너지지는 않을 것입니다.

고통 앞에서 우리가 할 수 있는 일

우리가 세상에서 만나는 대부분의 고통은 원인이 있는 경우든 없는 경우든 그 자체를 막을 수 없습니다. 인간적인 눈으로 볼 때 고통을 겪을 이유가 없는 사람에게 극심한 고통이 주어지는 것을 볼 때가 자주 있기 때문입니다.

고통 앞에서 우리가 할 수 있는 일은 고통에 대한 반응을 선택하는 것입니다. 고통에 반응하는 태도와 마음가짐은 선택할 수 있습니다. 그리고 현명하게 반응할 수 있는 능력은 훈련과 노력을 통해 키울 수 있습니다.

누구보다 착하게 살아온 사람과 악하게 살아온 사람을 가정해 봅시다. 상식적으로 생각하면 착하게 살아온 사람은 잘 살아야 하고 악하게 살아온 사람은 그렇지 않아야 합니다. 하지만 착하게 살아온 사람에게 까닭을 알 수 없는 고통이 주어질 수도 있습니다.

'착한 사람은 복을 받아야 하고 악한 사람은 벌을 받아야 한다'는 생각에 어긋나는 일을 경험할 때, 이를 어떻게 해석해야 할까요? 이른바 삶의 모순과 만났을 때 우리는 어떻게 반응해야 하는 것일까요?

고통을 만나면 하나님의 긍휼과 은혜를 구함과 더불어 고통을 대하는 현명한 태도를 취해야 합니다. 『탈무드』는 그에 대해서도 명쾌하게 해답을 제시하고 있습니다.

"이 세상에 살기를 원한다면 스스로 고통을 참아낼 수 있는 마음을 가져야 한다." —「레위기 주해서」 30

현대인들은 대부분 스스로의 힘으로 어려움을 극복할 수 있으며, 극복해야 한다고 배우면서 성장합니다. 하지만 유대인들은 하나님의 자비와 인간의 노력 사이에 적절한 조화와 균형을 꾀합니다.

고통을 겪는 대상에게 복을 베풀어달라고 하나님에게 기도하고 간구합니다. 동시에 고통에 제대로 대응할 수 있는 능력을 달라고 간구합니다. 두 가지가 일정 비율로 조화를 이루겠지만 유대인들에게 압도적인 우위를 차지하는 것은 고통을 극복하는 능력을 달라고 간구하는 일입니다.

유일신을 믿지 않는 사람이라면 긴 시각에서 고통을 바라보도록 노력해야 합니다. 그러면 고통을 크게 줄일 수 있을 것입니다. 누구든 자신이 걸어온 길을 돌아보면 고난의 시간에도 유익함이 있었음을 알 수 있습니다. 이처럼 고난의 긍정적인 측면에 주목한다면 고난으로 좌절하거나 낙담하는 일을 최대한 피할 수 있을 것입니다.

4

행복과 불행은 마지막 순간에야 알 수 있다

"'나에게 무슨 복이 돌아올 것이며
무슨 좋은 일이 있겠느냐'고 한탄하지 말며
'나는 가질 만큼 가졌다. 나에게
무슨 불행이 있겠느냐'고도 말하지 마라.
사람은 행복할 때는 불행을 잊고,
불행할 때는 행복하던 때를 잊는다."

『벤 시락의 지혜(집회서)』 11:23~25

좋은 시절이 오면 언제 내가 고생을 했는지 과거의 어려움은 잊어버립니다. 반대로 힘든 시기가 오면 언제 나에게 좋은 시절이 있었는지 과거의 행복은 까맣게 잊어버립니다.

이처럼 인간 본성의 깊은 곳에는 망각이 있습니다. 궂은 일을 쉽게 잊어버리는 망각 덕분에 우리가 살아갈 수 있는 것이지만, 한편으로는 망각 때문에 어려움을 겪을 수 있습니다.

삶의 경험이 쌓여갈수록 사람들은 고통이나 역경을 젊은 날과 다르게 바라보게 됩니다. 모든 것은 오고 간다는 사실을 깊이 체험하게 됩니다. 다시 해가 떠오르고 어둠이 가시는 것처럼 아무리 힘든 고통도 시간이 가면 사라지리라는 것을 압니다.

이런 경험이 있는 사람들은 고통이 닥쳤을 때 지나치게 당황하거나 낙담하지 않습니다. 그렇다고 힘들어하지 않는 것은 아니지만요.

잘나가는 때에 어려운 시절을 잊지 않고, 어려운 때에 좋은 시절을 잊지 않는 것은 훌륭한 삶의 지혜입니다. 좋은 날에도 힘든 시기를 잊지 말라고 권하는 이야기는 『성경』에도 등장합니다.

"사람이 여러 해를 살면 항상 즐거워할지로다. 그러나 캄캄한 날들이 많으리니 그날들을 생각할지로다. 다가올 일은 다 헛되도다." ─「전도서」 11:8

어려운 시기를 잊지 않는다면 자신을 지나치게 높이는 잘못을 피할 수 있습니다. 과욕에 사로잡혀서 무리수를 두는 일도 피할 수 있습니다. 반대로 잊어버린다면 자신을 높이는 잘못에 빠질 수 있습니다. 과욕에 휘둘릴 가능성도 자연히 높아집니다.

'산이 높으면 골이 깊다'

앞의 인용문 다음에 이어지는 문장들은 어떻게 살아야 하는지에 대해 길을 제시하고 있습니다.

"단 한 시간의 악운이 행복한 일생을 뒤엎는다. 사람의 일생은 마지막 날에야 드러난다. 누구를 막론하고 죽기 전에는 행복하다고 말하지 마라. 그의 행불행은 최후의 순간에야 알 수 있다." —『벤 시락의 지혜(집회서)』 11:27∼28

'인생은 관 뚜껑을 덮을 때까지 알 수 없다'라는 우리 속담이 떠오릅니다. 상황은 언제든 돌변할 수 있음을 경고하는 말입니다. 좋은 시절은 언제든 악화될 수 있습니다. 마찬가지로 어두운 시절도 언제든 좋은 시절로 바뀔 수 있습니다.

제가 처음 출간한 책이 『한국기업흥망사』입니다. 1993년의 일인데, 저는 이처럼 경제 관련 연구를 시작한지 얼마 안 된 30대 초반부터 기업의 부침에 대해 깊은 관심을 가졌습니다. 예전부터 평전이나 자서전을 즐겨 읽고, 그런 책을 읽을 때도 사람의 부침에 깊은 관심을 가졌습니다. 특히 사람이 바닥에 처하게 되는 원인과 이를 극복해 가는 과정이나 방법에 관심이 많았습니다.

그런 이야기들이 저에게 주는 지혜는 '영원한 것은 아무것도 없다' 혹은 '산이 높으면 골이 깊다'는 것입니다. 또한 '잘나가는 시기는 10년도 채 되지 않는다'는 것입니다. 좋은 시절에 제대로 준비하지 못하면 어려운 시절이 왔을 때 반드시 큰 비용을 치르게 됩니다.

부침과 관련하여 최근의 한 가지 사례를 들어보겠습니다. 조선 경기가 하늘을 찌르던 때가 있었습니다. 그때는 누구도 지금처럼 조선 경기가 급격히 추락해서 수많은 사람들이 해고될 날이 오리라고 생각하지 못했을 것입니다.

그런 일들이 빈번하게, 너무나 자연스럽게 일어나는 곳이 우리가 사는 세상입니다. 좀 잘나간다고 해서 자만해서는 안 됩니다. 상황이 언제 돌변할지 알 수 없기 때문입니다.

두 파수꾼 이야기

한 왕이 맛있는 과일들이 익어가는 아름다운 과수원을 소유하고 있었다. 왕은 과수원을 지키기 위해 두 명의 파수꾼을 고용하는데, 한 명은 소경이고 한 명은 절름발이였다.

절름발이 파수꾼은 잘 익은 과일을 발견하면 소경 파수꾼의 어깨에 올라타서 그 과일을 땄다. 둘은 그렇게 과일을 따서 맛있게 먹었다.

얼마 후 왕이 과수원에 와서 (두 사람이 과일을 따 먹은 사실을 알고 화가 나서는) 물었다. "나의 아름다운 과일들은 어디에 있는가?"

절름발이 파수꾼은 "제게 제대로 걸을 수 있는 다리가 있습니까?"라고 되물었다. 소경 파수꾼은 "제게 앞을 볼 수 있는 눈이 있습니까?"라고 물었다.

(자신들이 과일을 따서 먹을 수 없다고 주장하는) 두 사람에 대해 왕은 어떻게 하였을까? 왕은 절름발이 파수꾼을 소경의 어깨 위에 오르게 한 다음 그 두 사람을 한 사람으로 간주하였다.

— 「산헤드린」 91a~b

랍비 예후다 하나시가 가까운 사이였던 로마의 카라칼라 황제에게 들려준 우화입니다. 로마에서 존경받았던 랍비 예후다 하나시는 카라칼라 황제와 우정을 유지하면서 황제에게 육체와 영혼의 문제에 대해 많은 조언을 하였습니다.

✿ 육체와 영혼은 분리된 것일까?

이 우화에서 두 파수꾼은 육체와 정신을 상징합니다. 카라칼라 황제는 육체와 영혼 어느 한쪽이 죄의 책임을 질 수 없다고 주장합니다. 육체는 영혼이 죄의 원천이라고 말하는데, 영혼이 없다면 육체가 무기력한 덩어리로 바뀔 것이기 때문이라는 것입니다. 반면에 영혼은 순수한 영적 실체이기 때문에 죄를 범할 수 없다고 주장합니다.

그런 카라칼라 황제의 주장은 영혼과 육체가 분리된 것으로 간주하는 이분설에 바탕을 두고 있습니다. 아마도 그는 그리스 철학의 이분설에 크게 영향을 받았던 인물이었을 것입니다.

그리스 로마 철학은 '인간의 영혼은 선하지만 육체는 악하다'라는 이원적인 사고방식을 갖고 있었습니다.

카라칼라 황제의 주장에 대해 랍비는 위의 우화를 들려줍니다. 우화
속 왕은 맹인과 절름발이를 한 사람으로 간주합니다. 그리고 영혼과 육
체를 하나로 받아들여 그 둘이 이 땅에서 행하는 모든 일에 책임이 있
다고 말합니다. 이는 유대교가 '육체는 악이다'라는 생각을 받아들이지
않는 데 기인합니다.

♣ 현대인들에게 주는 메시지

이 우화는 오늘날의 우리에게 어떤 교훈을 줄까요? 우화에서 맹인은
무엇을 가리키는 것일까요? 절름발이는 무엇을 가리키는 것일까요?

어떤 사람이 유혹에 빠지는 경우를 가정해 봅시다. 올바르지 않은 일
이지만 보상이 큰 유혹인 경우에는 마음이 흔들립니다. 동시에 양심의
가책을 느끼게 됩니다.

예를 들어, 뇌물을 받아야 할지 말아야 할지 고민한다고 해봅시다.
뇌물을 받는 것은 물질적인 이득을 취하는 일입니다. 이때 대부분의 사
람들은 양심의 가책을 느낍니다. 물질이라는 유혹을 원하는 마음과 양
심의 가책 사이에서 상당한 갈등을 합니다.

뇌물을 받은 일이 발각되어 치명적인 오명을 입고 법적인 책임을 지게
되는 경우에 육체와 영혼을 따로 구분할 수는 없습니다. 물적인 욕망이
나 육적인 욕망을 이기지 못해서 양심을 버리면 그 일에 대해 영혼과 육
체가 함께 책임을 져야 합니다.

범죄를 저지르지 않더라도 오늘날은 크고 작은 실수로 인해 평판이
쉽게 무너질 수 있는 시대입니다. 오랜 시간 쌓아온 명성이 부주의한 일

때문에 날아가버릴 수 있습니다.

최근 큰 부를 가졌거나 사회적인 지위가 있는 사람들의 갑질이 사회적 비난을 받고 있습니다. 본인은 사소하게 여길지 몰라도 그런 행동에서 그 사람의 생각과 됨됨이, 나아가 영혼을 엿볼 수 있습니다.

잘못된 행동은 그를 제어하는 사회적 제도나 개인적 양심에서 발생한다고 할 수 있습니다. 지금은 보이는 것을 중요하게 여기는 시대이지만, 눈에 보이지 않는 영혼을 잘 다듬고 훈련시키는 일은 모든 사람들에게 반드시 필요한 일입니다. 아름다운 영혼에서 아름다운 행동, 아름다운 삶이 나올 수 있기 때문입니다.

영혼의 세 단계

> "영혼은
> 세 부분으로 구성되어 있다.
> 하나는 생명력이고,
> 다른 하나는 인내하는 힘이며,
> 마지막 하나는 높은 인식 능력이다."
>
> 『조하르』 I. 81a

자본주의는 모든 것을 사업의 대상으로 삼습니다. 자본주의가 고도화하는 것에 비례해서 영혼을 비즈니스의 대상으로 만드는 일도 나날이 번성하고 있습니다. 팍팍한 세상살이에 지친 사람들이 안식을 찾기 위해 소위 '영적 전문가'를 찾기 때문에 그들의 활동도 점점 확대되고 있습니다.

그런데 질이나 의도가 나쁜 영적 전문가들도 있습니다. 저는 그런 이들을 '영혼 장사꾼'이라고 표현하고 싶습니다. 이들은 영혼에 관한 지식을 사익을 위해 활용하는 사람들입니다.

지금은 영혼 장사꾼들의 활동이 왕성한 시대입니다. 그래서 더더욱 영혼에 관해서 올바른 지식을 가질 필요가 있습니다. 인간은 밥이나 빵만으로는 살 수 없기 때문이다.

종종 대학에 들어간 학생이 이상한 종교 단체에 포섭되어 어려움을 겪습니다. 학교에서 가르치는 경제학, 정치학, 심리학, 공학 등과 같은 지식 교육은 혼(魂)에 관한 공부입니다. 그런 공부는 영(靈)에 관해서는 별다른 지식을 제공하지 않습니다.

반면에 종교나 신앙은 영의 영역에 관한 이해와 지식을 다룹니다. 인간은 혼과 영을 모두 가진 존재이기 때문에 영에 관한 지식도 반드시 필요합니다.

안타깝게도 대부분의 부모와 교사들은 혼에 관해서는 어느 정도 지식을 갖고 있지만 영에 관해서는 별다른 지식을 갖고 있지 못합니다. 그래서 대부분은 자녀나 학생들에게 영에 대해 교육을 하지 못합니다.

따라서 순수한 학생들은 영에 관한 지식으로 무장한 사람들에게 얼마든지 이용당할 수 있습니다. 이것이 영혼 장사꾼들에게 붙잡혀서 귀한 젊은 날을 소모하는 젊은이들을 드물지 않게 볼 수 있는 이유입니다.

성인들도 예외가 아닙니다. 한 출판사에서 수많은 베스트셀러를 만드는 일을 했던 사람이 신문 보도를 통해 종교와 관련하여 피해를 입은 경험을 말한 적이 있습니다.

'그렇게 똑똑한 사람이 어떻게 저런 데다 거금을 갖다 바칠 수 있었을까?' '저런 사람이 어째서 오랫동안 특정 인물을 숭배에 가깝게 받들 수 있었을까?' 하는 놀라움을 주기에 충분한 사건이었습니다.

많이 배운 성인의 경우라도 영에 관한 무지함이 어떤 결과를 낳는지를 보여주는 일이었습니다. 밖에서 보는 사람에게는 문제가 보이지만 어떤 종교에 깊이 빠진 사람에게는 보이지 않을 수 있습니다. 이른바 영적 분별력이 없는 성인들도 많기 때문에 사회적으로 나쁜 영향을 미치는 종교 집단과 관련한 피해 사례는 끊이질 않습니다.

그렇다면 『탈무드』에서는 영혼을 어떻게 다루고 있을까요? 『탈무드』에서 영혼을 집중적으로 다루는 책은 『조하르(Zohar)』입니다. 이 책은 유대교의 신비주의적이고 영적이며 비밀스러운 전통인 '카발라(Kabbalah)'의 중요한 경전입니다. '조하르'라는 히브리어 단어의 뜻은 '광채' 혹은 '빛남'입니다.

모세 오경에 대한 신비주의적인 해석서인 『조하르』에는 하나님의 본질, 우주의 기원과 구조, 영혼의 본질, 죄, 선악에 대한 내용이 담겨 있습니다. 『조하르』에서는 영혼에 대한 지식은 '비밀들 가운데 비밀'이며 마음에 지혜가 있는 자들에게만 주어지는 것으로 간주합니다.

이 책은 서기 1세기경에 활동했던 랍비 시므온 벤 요하이가 하나님의 도움을 받아 정리한 것으로 알려져 있습니다. 그는 로마의 압제가 극심하던 시절에 13년간 동굴에 숨어 살면서 이 책을 정리했다고 합니다.

하지만 현대의 유대 신학자들은 이 책이 13세기에 스페인에 살았던 랍비 모세 드 레온의 작업이라고 생각하기도 합니다.

영혼에 대한 유대인의 지식이 절대 진리라고 단정할 수는 없지만, 그들이 오랫동안 숙고하고 토론해 온 결과를 관심 있게 들여다볼 가치는 충분합니다. 그런 의미에서 『탈무드』에서 이야기하는 영혼에 대해 조금 자세히 살펴보도록 하겠습니다.

『탈무드』는 영혼은 세 개의 층으로 구성되어 있으며, 이들은 서로 밀접하게 연결되어 있다고 말합니다. 네피시(nefesh), 루아흐(ruach), 네샤마(neshamah)가 그것입니다.

네피시 : 감정적인 영혼, 낮은 자아

네피시는 영혼 가운데 숨, 목숨, 감정, 욕망, 실존을 가리킵니다. 루아흐와 달리 죽을 수 있는 실존을 말합니다. 네피시는 잠을 잘 때, 특히 꿈을 꿀 때 우리를 지배하는 영혼의 한 부분이며, 무의식이나 다양한 감정들, 욕망들을 모두 포함합니다.

우리가 불쾌한 감정을 느낄 때 그 감정은 육체에 큰 영향을 끼칩니다. 이처럼 우리의 육체는 네피시의 영향력에 의해 통제되고 형성됩니다. 네피시는 강력한 힘을 발휘하기 때문에 '힘 있는 자아(Power Self)'로 불리기도 합니다. 분노가 치밀어 오를 때 이성을 마비시키기도 합니다. 그만큼 네피시는 강력한 힘을 갖고 있습니다.

네피시는 육체나 성적인 본능과도 밀접하게 연결되어 있습니다. 육체와 깊은 관계가 있어서 종종 비난을 받기도 하지만 『탈무드』에서는 네피시도 잠재적으로 성스러운 것이 될 수 있다고 말합니다.

참고로 네피시는 다시 두 종류로 나눌 수 있습니다. 하나는 '지적인 네피시' 혹은 '성스러운 네피시'이고, 다른 하나는 '동물적인 네피시'입니다. 뒤의 것은 악을 저지르는 성향을 갖고 있습니다.

루아흐 : 정신적인 영혼, 의식적인 자아

루아흐는 보편적으로 생명을 일으키는 힘을 말합니다. 공기나 바람 같은 자연현상학적 개념, 마음, 분노, 용기, 생명력 등과 같은 생명적인 개념, 그리고 사람의 영, 하나님의 영과 같은 실존적인 개념으로 나눌 수 있습니다.

루아흐는 깨어 있을 때의 모든 활동을 지배하는 의식과 깊이 연결되어 있습니다. 이것은 학습하는 능력과 관련된 지적 능력의 원천입니다.

"루아흐는 '목소리'이고, '지식'이라 불리기도 한다. 그것은 모세 오경을 학습하면서 큰 목소리로 그 내용을 읽는 것과도 관련되어 있다. 그것은 '기록된 토라'라고 불리기도 하고 '정신적인 영혼(Mental Soul)' 혹은 '지적인 영혼'이라고 불리기도 한다. 그것으로부터 선행이 나온다." (『조하르』1:79b)

루아흐는 네피시와 대조적으로 '의식적인 자아(Conscious Self)'라고 불립니다. 배우는 것, 대화하는 것, 생각하는 것, 기록하는 것처럼 거의 모든 이성적인 활동이 루아흐에서 비롯됩니다.

언젠가 한 지식인이 '나는 지식을 통해서 하나님처럼 되고 싶었다'라고 고백하는 인터뷰를 본 적이 있습니다. 루아흐에 대한 확신을 가진 사람임을 알 수 있었습니다. 이 말을 접하는 순간 저는 '어떻게 자신의 지적 능력에 대해 저토록 강한 확신을 가질 수 있을까?'라고 생각했습니다.

누구도 자신의 지적 능력을 근거로 '내가 가진 능력은 다른 사람들이 도저히 가질 수 없는 능력'이라고 말할 수 없습니다. 어느 누구도 유식함 때문에 성스러운 존재가 될 수 있다고 말할 수 없습니다.

루아흐는 네피시를 지배합니다. 즉 우리는 자각이나 자기 통제를 통해서 자신의 감정을 제어합니다. 루아흐와 네피시는 서로 연결되어 있으며, 두 가지가 우리의 도덕적 정체성을 형성합니다. 루아흐는 네피시에 비해서 생명력이 강합니다. 그렇다고 해서 영원한 것은 아닙니다.

참고로 루아흐 역시 두 종류로 나뉩니다. 하나는 '성스러운 루아흐'이고 하나는 '동물적인 루아흐'입니다.

네샤마 : 영적인 영혼, 높은 자아

'네샤마'라는 히브리어 단어는 영혼, 정신, 호흡을 뜻합니다. 네샤마는 우리의 정신 가운데에서 매우 높은 수준을 가리킵니다. 일반적인 사람은 높은 수준의 네샤마를 갖기 힘듭니다. 영적인 삶을 추구하는 사람들조차도 네샤마에 접근하기는 쉽지 않습니다. 하지만 자신을 정화함으로써 네샤마에 다가갈 수는 있습니다.

네샤마는 우리 영혼의 가장 높은 부분에 자리 잡고 있는 영원한 영혼입니다. 인격을 정화함으로써 네샤마가 우리의 삶에 영향력을 발휘하게 할 수 있습니다.

높은 수준의 영혼이 낮은 수준의 영혼을 지배하기에, 네샤마는 루아흐와 네피시를 지배합니다. 그리고 루아흐가 네피시를 지배합니다. 이처럼 우리 영혼은 가장 높은 곳에 네샤마가, 그 아래에 루아흐가, 그 아래에 네피시가 자리 잡고 있는 구조입니다.

네샤마도 그 안에서 계층 구조를 갖고 있습니다. 네샤마의 가장 높은 곳은 우리에게 지혜를 가져다줄 뿐만 아니라 하나님에 대한 경외감을 갖도록 도와줍니다. 그리고 네샤마의 낮은 곳은 분별력과 죄에 대한 회개를 가능하게 합니다.

만일 어떤 사람의 영혼을 네샤마가 지배하게 되면, 그 사람은 하나님에게 헌신하는 삶을 살아갈 수 있을 것입니다. 이런 사람은 '성스러운 사람'이라고 부릅니다.

영혼 장사꾼에 속지 않기 위하여

지금까지 설명한 영혼의 세 층이 어떤 역할을 수행하는지를 명쾌하게 정리한 사람이 랍비 모세 드 레온입니다. 그의 말은 로렌스 파인(Lawrence Fine)의 책 『카발라(*Essential Papers on Kabbalah*)』에서 확인할 수 있습니다.

"여러분은 네피시, 루아흐, 네샤마의 신비를 알아야 하고 생각해야 한다. 네피시는 육체의 감각들과 연결된 힘이며, 생명을 관통하고 육체를 지탱하는 다양한 요소들과 혈액과 연결된 힘이다. 네피시는 육체를 보존하는 힘이다. (……)

한편 루아흐는 네피시가 육체를 보존할 수 있도록 해주는 힘이다. 사람은 네피시의 힘에 의해서 생존하기 때문에 만약 루아흐가 네피시로부터 제거된다면 죽음을 뜻한다. 네피시는 그 자체만으로 육체를 유지할 수 없기 때문이다.

한편 네샤마는 진정한 지성과 관련되어 있으며, 생명의 원천이고 지성과 지혜의 원천이다. 영광이 육체에 거하는 것은 창조주의 활동을 위한 모든 것을 유지하기 위함이며 사람에게 가장 중요한 것을 공급하기 위함이다."

여기서 우리는 영혼의 세 층의 역할을 명확히 구분할 수 있어야 합니다. 네피시는 육체의 삶을 유지해 주며 삶에 필요한 육체적인 면을 담당합니다. 루아흐는 독립적인 역할을 갖고 있지 않고, 네피시가 육체를 보전할 수 있도록 돕는 일을 합니다. 네샤마는 인간과 하나님 사이에 교량 역할을 하며, 창조의 활동을 위해 필요한 모든 것을 유지하는 힘입니다. 네샤마는 인간에게 가장 중요한 것을 공급함으로써 다가올 세계에서 생명을 얻을 수 있게 합니다.

한편 카발라 전문가인 살로만 발 셈(Salomo Baal-Shem)은 명저 『카발리스틱 매직(Quabbalistic Magic)』이라는 책에서 왜 사람들이 네샤마를 인식하기 힘든지를 랍비의 말을 빌려서 다음과 같이 설명합니다.

어떤 사람이 아름다운 정원에 있더라도 라디오를 크게 틀어놓으면 아름다운 새소리를 들을 수 없습니다. 여기서 라디오 소리는 세상의 온갖 즐거움과 이기적인 욕망을 말하며, 새소리는 네샤마와 같은 높은 자아(Higher Self)를 말합니다.

새소리를 들을 수 없는 사람은 새소리가 어디에 있느냐고 묻지만 엄연한 사실은 새가 그곳에 있을 뿐만 아니라 아름답게 노래하고 있다는 것입니다. 세속적인 것에 눈이 가린 채 바쁘게 살아가는 현대인들은 네샤마를 알기가 힘들다는 이야기입니다.

그러나 네피시는 누구에게나 문이 활짝 열려 있습니다. 모든 인간은 육체를 갖고 있고 감정을 갖고 있기 때문입니다. 루아흐에 접근하는 일은 네피시보다는 어렵지만 이 역시 아주 힘든 일은 아닙니다. 지식이나 논리, 이성을 이용해서 감정이나 욕망을 적절히 제어할 수 있다면 루아흐에 접근할 수 있습니다.

영혼 장사꾼들은 영에 관한 나름대로의 전문가들입니다. 그들은 자신만의 특별한 지식으로 무장하고 있기 때문에 그 분야에 무지한 일반인들의 눈을 가릴 수 있습니다.

사람들은 눈이 가려지면 오랫동안 쌓아온 모든 것을 영혼 장사꾼들에게 바칠 수 있습니다. 따라서 스스로를 보호하는 차원에서도 영에 관한 지식을 어느 수준까지는 쌓아야 합니다. 어떻게 그런 지식을 쌓을 수 있을까요?

바람직한 방법은 말과 행동이 일치하는 영혼 전문가의 도움을 받는 일입니다. 영혼 전문가들 가운데 진짜와 가짜는 어떻게 구분할 수 있을까요? 그들의 말이나 지위가 아니라 성품을 봐야 합니다.

영에 관해서 올바른 지식을 차곡차곡 쌓아온 전문가는 성품에서도 훌륭할 것입니다. 세상 기준으로 높은 지위나 명성을 갖고 있음에도 성품에서 문제가 있다면 영혼 장사꾼에 가까울 가능성이 높습니다.

성품을 보고 판단하는 것이 어렵다면 영혼 전문가가 돈을 어떻게 대하는지를 살펴보면 됩니다. 보통 사람들과 마찬가지로 돈에 대한 애착이 강하고 사적 이익에 관심이 깊다면 영혼 장사꾼에 가깝다고 판단해도 무리가 아닐 것입니다.

개개인이 분별력을 가질 수 있다면 더할 나위 없이 좋은 일이지만, 그런 경지까지 올라가는 데는 상당한 시간과 지적 투자, 그리고 은혜가 필요합니다. 세상에는 다양한 종교 이론으로 무장했지만 마음은 청결하지 못한 영혼 장사꾼들이 많기 때문에 특별한 주의가 필요합니다.

진정한 영혼 전문가들의 도움을 받으면서 영혼에 대한 지식을 쌓고, 네샤마에 가까워지도록 노력해 나가는 것, 그것을 평생의 목표로 삼고 살아간다면 언젠가 네샤마에 다가갈 수 있을 것입니다. 적어도 영혼 장사꾼들에게 속는 일은 없을 것이고, 삶에 중심을 잡고 살아갈 수 있을 것입니다.

6

강한 욕망이 영혼을 더럽힌다

"악한 욕망은 짐승의 루아흐이다.
솔로몬 왕이 말했듯이 '인생들의 혼은 위로 올라가고
짐승의 혼은 아래 곧 땅으로
내려가는 줄을 누가 알랴.'(「전도서」 3:21)
짐승의 네피시는 악한 욕망으로부터 비롯되는 네피시이다."

「조하르」 1:79b

'무엇이 우리의 영혼을 어지럽힐까?' 사람들은 젊은
날에는 세속적인 성공을 향해 뛰느라 바쁘지만 인생의 어느 시점이 되
면 영혼의 문제에 대해 생각하게 됩니다. 세속적인 것들을 아무리 많이
갖더라도 채워지지 않는 부분이 있음을 느끼기 때문입니다.

저는 오십을 넘어서면서 그런 문제에 대한 본격적인 성찰을 하기 시
작했습니다. 그 전에는 그런 부분에 전혀 관심이 없었습니다.

'인간은 어디서 와서 어디로 가는 것일까?' '뭔가를 추구하고 성취하
더라도 채워지지 않는 부분이 있는 것은 왜일까?' 저처럼 이런 질문들

에 대해 많이 생각하는 사람이라면 영혼의 문제에 대한 탐구가 필요할 것입니다.

언제까지 욕망에 따라서 살 것인가

우리 영혼의 세 부분, 즉 앞에서 설명한 네피시, 루아흐, 네샤마의 상호 관계를 정확히 이해할 수 있다면 혼란스러운 이 시대를 살아가면서 영혼을 관리하는 데 큰 도움을 받을 수 있습니다.

네피시와 루아흐는 모두 악한 욕망의 영향을 받습니다. '악한 욕망' 혹은 '사악한 의향'은 히브리어로 '예체르 하라(Yetzer hara)'입니다. 여기서 '예체르'는 '구성하다, 계획하다, 고안하다'라는 뜻입니다.

어떤 사람이 강한 욕망과 분노, 그리고 두려움에 기초해서 어떤 의견을 내고 의사결정을 하고 행동한다면, 우리는 각자의 네피시를 더럽히고 있는 것입니다. 그런 사람은 강한 욕망 때문에 루아흐라는 선물을 받을 수 없습니다.

예를 들어, 가정을 둔 사람이 육체적인 욕망 때문에 바람을 피워서 주변 사람들을 실망시켰다면, 육체적인 욕망이라는 강한 욕망이 네피시를 더럽힌 것입니다. 이런 경우는 네피시가 더럽혀졌음은 물론이고 루아흐에는 접근조차 할 수 없습니다.

한편, 어떤 사람은 육체적 욕망이나 분노로부터는 자유롭지만 지적 자만심이나 교만으로부터는 자유롭지 못할 수 있습니다. 이런 경우 자만심이나 교만에 기초한 강한 욕망이 그 사람의 루아흐가 온전히 작동하는 것을 어렵게 만듭니다.

예를 들어, 비교종교학을 연구한 뛰어난 학자가 하나님의 존재를 인정하지 않는다면, 이는 유대인의 시각으로 바라보면 지적인 교만이나 자만심 같은 강한 욕망이 루아흐의 작동을 어렵게 만든 사례에 속합니다.

감정이나 욕망에 따라 사는 일은 본능에 충실하게 사는 것입니다. 세상의 많은 사람들은 감정과 욕망에 따라 사느라 루아흐에 가까이 가지 못하고 오로지 네피시와 함께 살아갑니다.

반면에 이성이나 논리에 따라 사는 사람들은 네피시는 물론이고 루아흐와 함께 사는 사람들입니다. 이들은 영혼의 세 가지 층 가운데 두 가지를 온전히 활용하면서 사는 것입니다.

이처럼 사람은 자신의 영적 발전 단계에 따라 영혼의 세 층 가운데 특정 모습의 영혼을 얻게 됩니다. 그렇다면 영혼의 가장 높은 영역인 네샤마를 접하는 사람, 나아가 충분히 활용하는 사람은 어떤 특징을 갖고 있을까요?

네샤마를 접하고 활용할 수 있게 되는 사람들은 우선 영혼의 존재를 인정하고 이를 탐구하려는 자세와 마음가짐을 갖고 있습니다. 그들의 삶은 담백하고 불미스러운 일로부터 자유롭습니다. 그리고 시간을 투입하여 영혼을 탐구하는 일을 합니다. 올바른 전문가의 의견을 참조하면서 자기 나름의 의견을 만들어갑니다.

안타깝게도 이런 일이 누구에게나 일어나지는 않습니다. 많은 사람들은 일하기 바쁘고 돈벌이의 기쁨에 취한 나머지 인생의 마지막에 이르기까지 영혼의 문제를 멀찍이 밀쳐두고 살아갑니다. 인생을 충만하게 살고 싶다면 지금이라도 영혼에 관심을 가지길 바랍니다.

작은 선행을 계속 반복하라

"분노 때문에 자신의 겉옷을 찢어버린 사람,

분노 때문에 그릇을 깨버린 사람,

분노 때문에 돈을 던져버린 사람은

모두 자신을 우상 숭배자로 만든 사람들이다.

자기도 모르는 사이에 사악한 욕망의 간교에

넘어간 것이기 때문이다. 랍비 아빈은 이렇게 말한다.

'어떤 『성경』 말씀이 이를 말하는가?

'너희 중에 다른 신을 두지 말며

이방신에게 절하지 말지어다.'(「시편」 81:9)

사람 안에 거하는 이방신은 누구인가?

그는 바로 사악한 욕망이다.'"

「샤바트」 105b

『탈무드』는 분노와 시기심 같은 사악한 욕망에 휩싸여 생각하고 행동하는 사람이 자신도 모르게 우상 숭배를 하고 있다고 말합니다. 사악한 욕망이라는 우상을 숭배하는 것이죠. 십계명의 첫 번째 계명인 "너는 나 외에는 다른 신들을 네게 두지 말라"(「출애굽기」 20:3)라는 말씀을 염두에 둔다면 강한 욕망에 사로잡히는 것은 유대인에게는 큰 죄악을 범하는 일입니다.

영혼의 세 부분인 네피시, 루아흐, 네샤마 가운데 최고인 네샤마와 더불어 살아가는 방법에는 어떤 것이 있을까요? 모세 오경의 해석서인 『조하르』 역시 인간적인 노력을 강조합니다.

영혼을 더럽힐 수 있는 분노, 질투, 시기심, 탐욕, 갈망, 지적 교만, 자만심 같은 강한 욕망이 마음껏 활보할 수 없도록 인간적인 노력을 하라고 권합니다. 그리고 『구약성경』과 『탈무드』의 율법이 어느 정도 도움을 줄 수 있다고 말합니다.

네샤마와 더불어 살아가는 방법

유대인 현자들은 네샤마와 더불어 살아갈 수 있는 구체적인 방법으로 어떤 것들을 권했을까요? 그들은 오랜 기간에 걸쳐서 작은 일들을 바르게 실천하는 것이 중요하다고 생각했습니다. 그래서 올바른 실천을 생활화하기 위해서 수많은 율법들을 제시했을 것입니다.

'사악한 욕망'이 있다면 그 반대에는 '좋은 욕망'이 있습니다. 좋은 욕망은 네사먀로부터 비롯됩니다. 좋은 욕망을 활성화하기 위해 유대인 현자들은 현대인들에게도 유용한 방법을 제안합니다. 좋은 행동을 계속해서 반복하라는 것입니다. 좋은 행동을 계속 반복하면 그 행동은 결국 제2의 천성처럼 우리 몸에 새겨집니다.

"작은 선행이라도 계속해서 행하라. 그러면 죄로부터 자유로워질 것이다. 한 가지 선행은 또다른 선행을 낳으며, 한 가지 죄는 또다른 죄를 낳을 것이다. 한 가지 선행에 대한 보상은 또다른 선행이며, 한 가지 죄에 대한 보상은 또다른 죄이리니."(「피르케이 아보트」 4:2)

한편 유대인 현자들은 영혼의 다른 두 부분을 정화하는 방법도 권합니다. 네피시와 루아흐를 방해하는 분노, 질투, 시기, 지적 교만, 자만심 같은 내 안의 우상을 깨끗하게 만들기 위해 노력한다면 우리의 영혼 안에 있는 가장 상위의 부분, 즉 네샤마를 끌어낼 수 있을 것입니다.

또한 유대인 현자들은 모세 오경을 열심히 공부하면 네샤마를 활성화하는 데 성공할 수 있다고 말합니다. 저의 경험으로 미루어보면 모세 오경 공부를 부지런히 하면 확실히 네피시와 루아흐의 방해물을 조금씩 제거하는 데 도움을 받을 수 있습니다.

여기서 유대교의 중요한 특징 한 가지를 발견할 수 있습니다. 율법의 실천을 통한 인격의 향상이 하나님을 기쁘게 하는 일이라고 생각한다는 점입니다.

유대인들은 "하나님이 거룩한 즉 너희도 거룩하라"(「레위기」 19:2)라는 『성경』 말씀대로 율법을 엄격히 지키는 거룩한 생활을 통해서 하나님의 형상을 닮아가는 삶을 살아야 한다고 믿습니다.

유대교와 달리 기독교는 율법이 중요하지만 인간은 수많은 율법을 지킬 능력이 없다고 생각합니다. 따라서 오로지 하나님의 은혜로 인한 믿음으로 모든 문제를 해결할 수 있다고 주장합니다. "기록된 바 오직 의

인은 믿음으로 말미암아 살리라."(「로마서」1:17)

두 종교는 부분적으로 같은 경전을 사용하지만 믿음의 내용 면에서는 이렇게 큰 차이를 보입니다.

앞에서 강조한 것처럼 인간이 영혼의 문제에 관심을 가져야 하는 것은 두 가지 이유 때문입니다. 하나는 인간은 물질적인 성취만으로는 행복하기 쉽지 않은 존재입니다.

나이가 들어가면서 인간은 실존적 허무감이나 불안감으로부터 자유롭지 못합니다. 자식이나 돈, 성취가 어느 정도 도움을 주지만 여전히 허전함으로부터 자유로울 수는 없습니다.

실존적 허무감을 넘어서 참다운 행복을 구하려면 영혼을 제대로 이해해야 합니다. 이런 문제에 대한 근원적인 해결책은 영혼에 관해 올바른 견해를 갖고 살아가는 것입니다.

다른 하나는 영혼 장사꾼들로부터 스스로를 보호하기 위해서입니다. 물질에 대한 사기 사건도 피해야 하지만 영혼에 관한 사기 사건은 그 피해가 더욱 크고 깊습니다. '모르면 당한다'는 격언은 영혼에 관해서도 진리입니다.

8

기도는 가장 강력한 무기

"인간과 동물은 모두 생존에 필요한 것들을 받는다.
그러나 그들 사이에는 차이가 있다.
인간은 필요한 것을 하나님에게 간구할 수 있다.
그러므로 인간이다.
필요로 하는 모든 것을 하나님에게 간구하라!"

랍비 나흐만 브래츠라버, 『히스타푸스 하 네피시』 4b

유대인 남자들은 아침 예배 때 큰 보자기 모양의 숄을 머리에서 어깨까지 두릅니다. 그 숄을 탈릿(tallith)이라고 합니다. 그리고 몸을 앞뒤로 흔들면서 기도합니다. 탈릿으로 몸을 감쌌기 때문에 자신을 외부와 차단시켜 기도에 집중할 수 있습니다. 몸을 흔드는 것은 온몸으로 하나님께 말을 하기 위함입니다.

유대인들은 만 13세가 되면 성인식을 합니다. 성인식 일주일 전에 아버지는 아들에게 탈릿을 선물합니다. 이는 하나님과 기도를 통해 독립적으로 이야기할 수 있는 특권을 갖게 된다는 의미이기도 합니다.

기도하는 유대인들 가운데에는 노래를 부르는 사람, 소리를 지르는 사람, 속삭이는 사람도 있습니다. 그런데 그들의 공통점은 누가 곁에 와서 소리를 질러도 알아차리지 못할 정도로 기도에 완전히 몰입하고 있다는 점입니다.

기도하는 삶을 사는 유대인들

유대인들은 하루 세 번의 공식적인 기도에다 성전파괴일을 비롯한 여러 절기 때마다 때때로 며칠씩 밤을 샐 정도로 긴 기도를 합니다.

기독교인들의 기도가 형식에 구애받지 않는 반면 유대인들의 기도는 엄격한 절차에 따라 진행됩니다. 또한 유대인들의 기도는 무언가를 구하는 것보다는 자신의 안을 들여다보는 일, 즉 회개에 더 큰 비중을 둡니다.

유대인들에게 기도는 곧 묵상을 뜻하기도 합니다. "이삭이 저물 때에 들에 나가 묵상하다가 눈을 들어 보면 낙타들이 오는지라."(「창세기」 24:63) 여기서 묵상은 기도를 뜻합니다.

기도에 익숙하지 않은 사람들에게 유대인들의 행동은 다소 이상하게 보일지 모릅니다. 그러나 그들의 기도는 하나님을 경배하는 시간이자 자신의 죄를 회개하는 시간입니다. 『탈무드』는 기도가 가진 위력에 대해 다음과 같이 말합니다.

"야곱이 그 아버지 이삭에게 가까이 가니 이삭이 만지며 이르되 음

성은 야곱의 음성이나 손은 에서의 손이로다 하며."(「창세기」 27:22)

"음성은 '야곱의 음성(기도에 대한 은유적 표현)'이지만 손은 '에서의 손(폭력에 대한 은유적 표현)'이다. (사실 음성은 유대인을, 손은 유대인들을 괴롭히던 로마인을 말한다) 야곱(유대인)은 오로지 기도를 통해서 지배하지만 에서(로마인)는 오로지 폭력을 통해서 지배한다."(「창세기 주해서」 65:19)

이 문장을 즐겨 소개하는 랍비들은 기도야말로 유대인들이 가진 가장 큰 무기라고 말합니다. 그들은 자신들의 무기가 역사적으로 압도적인 무력을 허물어뜨려왔다고 말합니다. 그들은 되묻습니다. 그토록 강대하던 로마 제국은 어디에 있는가? 유대인을 괴롭혔던 앗시리아나 바빌론 제국은 어디에 있는가? 그들을 추방했던 스페인 제국은 어디에 있는가?

『탈무드』는 이렇게 말합니다. "유대인의 유일한 무기는 기도이다. 조상들로부터 물려받은 이 무기는 수천 번의 전투를 통해 입증되었다."(「메킬타 베샬라흐」 3, I205)

막강한 여러 제국들은 역사의 뒤안길로 사라지고 말았지만, 유대 민족은 생존하는 데 성공하였습니다. 성공의 결정적인 요인으로 많은 이들이 기도를 듭니다.

그런데 앞에서 말했듯 유대교의 기도와 기독교의 기도는 차이가 있습니다. 기독교인들은 유대교 신자들에 비해서 격식이 없는 기도를 드리는 것에 익숙합니다. 그들에게는 정해진 장소에서 정해진 격식을 따라 하는 기도가 아니라 묵상이 기도의 중요한 부분을 차지합니다. "나의 반석이시요 나의 구속자이신 여호와여 내 입의 말과 마음의 묵상이 주님 앞에 열납되기를 원하나이다."(「시편」 19:14)

또한 그들은 응답을 받는 기도에 대해서 이렇게 말합니다. "그의 뜻대로 무엇을 구하면 들으심이라."(「요한일서」 5:14) 그들은 이런 『성경』 말씀에서 올바른 기도 방법을 구합니다.

신앙을 갖지 않은 분들에게 기도를 대체할 수 있는 것은 명상 같은 활동일 것입니다. 기도와 명상은 겉으로 보면 비슷하지만 내용 면에서는 하늘과 땅만큼 차이가 있습니다.

한쪽은 절대자에게 간구하는 것이고 다른 한쪽은 자신의 의지나 호흡법 등을 통해서 긴장을 완화시키면서 마음의 평정을 찾는 일입니다. 전자가 절대자에게 의지하는 것이라면 후자는 자신의 노력으로 성취하는 것입니다.

벽에 붙어 죽은 뱀

랍비 아키바에게는 딸이 있었다. 그러나 점성술사들은 그에게 말하였다. "당신의 딸이 결혼식 날 밤 신방에 들어갈 때 뱀이 나타나 그녀를 물 것이고, 그녀는 목숨을 잃을 것입니다."

결혼식 날 밤, 랍비 아키바의 딸은 브로치를 떼어 벽에 붙여두었다. 다음 날 아침 그녀가 벽에서 브로치를 떼자 독사가 브로치에 끌려나왔다. 브로치의 핀이 독사의 눈을 관통하고 있었다.

그것을 보고 랍비 아키바가 딸에게 물었다. "어젯밤에 네가 무슨 특별한 일을 하였느냐?"

딸은 이렇게 답하였다. "어제 저녁에 문밖에 가난한 사람이 왔는데, 모두가 잔치에 바빠서 아무도 그를 맞지 못했습니다. 그래서 제가 저에게 주어진 음식 가운데 일부를 그 사람에게 주었습니다."

그 말을 듣자 랍비 아키바는 밖으로 나가서 이렇게 외쳤다. "자선이 죽음으로부터 내 딸을 구하였다. 자연스럽지 않은 죽음으로부터 구한 것이 아니라 죽음 그 자체로부터 구하였다."

— 「샤바트」156b

곤경에 처한 사람들에게 도움의 손길을 내밀어야 하는 이유는 무엇일까요? 그리고 어떤 방법으로 그들을 도와야 할까요?

오늘날 대부분의 사람들에게 자선이나 기부는 익숙하지 않습니다. 그러나 유대인들은 자선을 반드시 지켜야 할 율법이자 의무로 오랫동안 지켜왔습니다.

고대 유대 사회에서는 점성술의 영향이 컸습니다. 랍비 하니나 같은 일부 랍비들은 이렇게 말했습니다. "점성술은 우리에게 지혜를 주고, 부를 가져다준다. 이스라엘 민족은 점성술의 영향력 하에 있다."

반대로 랍비 조하난은 "이스라엘 민족은 점성술로부터 자유롭다"고 말하기도 했습니다.

저명한 랍비 아키바가 딸의 앞날에 대한 점성술사들의 이야기를 인용하는 것으로 보아 유대인들은 하나님을 믿으면서도 동시에 점성술에 가끔 귀를 기울였음을 알 수 있습니다. 물론 그리 바람직한 일은 아니지만 말입니다.

❖ 인간이 운명을 극복하는 방법

「벽에 붙어 죽은 뱀」 이야기는 주제를 엿볼 수 있는 다음과 같은 문장으로 시작됩니다. "랍비 아키바의 이야기로부터 우리는 이스라엘 민족이 점성술의 영향력에서 자유로워졌다는 것을 알게 된다."

점성술사는 운명을 상징합니다. 아키바의 딸이 결혼식 날 밤 뱀에게 물려 죽을 것이라는 점성술사의 주장은 고대인들이 두려워했던 운명을 상징합니다. 사람은 자신의 노력으로 운명을 극복할 수 없는 나약한 존재라는 것을 뜻합니다.

인간이 어떻게 운명을 극복할 수 있을까요? 어떻게 운명을 극복하고 자신이 원하는 삶을 살 수 있을까요?

「벽에 붙어 죽은 뱀」 이야기는 운명을 극복하는 구체적인 방법을 다루고 있습니다. 이 우화는 운명은 바꿀 수 없을 정도로 견고한 것이 아니라고 말합니다. 선행을 통해서 운명을 얼마든지 바꿀 수 있다는 것이 이 이야기의 주제입니다.

자선은 다른 사람을 불쌍하게 생각하는 자비심에서 비롯됩니다. 자비의 사전적 의미는 '남을 깊이 사랑하고 가엾게 여김, 또는 그렇게 여겨서 베푸는 혜택'을 말합니다.

아키바의 딸은 남루하게 차려입고 잔칫집을 방문한 사람에게 아무런 대가 없이 자신이 먹을 음식 가운데 일부를 주었습니다. 그리고 그 사람에게 베푼 자비가 그녀를 죽음으로부터 구해주었습니다.

따라서 「벽에 붙어 죽은 뱀」 이야기의 핵심 교훈은 자비가 어떤 사람을 죽음, 즉 육체적인 죽음뿐만 아니라 영적인 죽음으로부터 구할 수 있는 일종의 스위치와 같은 것이라는 점입니다. 요컨대 자비는 나쁜 것을 좋은 것으로, 극복할 수 없는 운명을 극복할 수 있는 것으로 바꾸어 줍니다.

아키바도 처음에는 점성술사들의 이야기를 말도 안 되는 이야기라고 생각하지는 않았던 듯합니다. 그러나 딸이 자비를 통해서 목숨을 구하는 것을 보고 한 가지 사실을 깨닫습니다. 인간은 어떤 나쁜 일이라도 좋은 일로 바꿀 수 있다는 사실 말입니다.

참고로 이 이야기에서 뱀은 인간의 오랜 적일 뿐 아니라 인간의 심성에 깊이 뿌리 내리고 있는 죄성(罪性)을 말합니다.

저는 처음 이 이야기를 읽었을 때 유일신을 믿던 고대 유대 사회에서도 점성술에 대한 믿음이 깊었구나 하고 놀랐습니다. 현대인들이 점을 보러 다니는 것과 같은 일이 당시에도 있었던 것입니다. 그래서 『구약성경』에는 그런 우상 숭배로 인해서 하나님에게 혼이 나는 이스라엘 민족의 이야기가 자주 나옵니다.

「벽에 붙어 죽은 뱀」 이야기가 나오기 전에 등장하는 또 하나의 예화도 소개할 만합니다. 이 예화도 "랍비 사무엘로부터 우리는 이스라엘 민족이 점성술사들의 영향력으로부터 자유로워졌다는 것을 배운다"라는 문장으로 시작합니다. 이 예화는 「벽에 붙어 죽은 뱀」 이야기와 같은 주장을 담고 있습니다.

3세기 바빌론의 유대인 현자 사무엘과 그의 친구인 아라트가 길가에 앉아 있는데 어떤 사람이 호수로 가는 것이 보였다. 이방인 점성술사인 아라트가 사무엘에게 말하였다.

"저 사람은 가서 돌아오지 않을 거야. 뱀이 그를 물어 죽일 거거든." 그러자 사무엘이 대답하였다. "만약 이스라엘 사람이라면 돌아올 거야."

잠시 후 호수로 갔던 사람이 돌아왔다. 그러자 아라트가 일어서서 그 사람에게 다가가 그가 짊어진 배낭을 열어보았다. 그 안에는 두 쪽으로 잘린 뱀이 들어 있었다. 사무엘이 그 사람에게 물었다. "당신은 (당신의 운명을 피하기 위해) 무슨 일을 하였습니까?"

뱀을 죽인 사람이 말하였다. "우리는 매일 함께 모여서 빵을 먹었습니다. 그런데 어느 날 우리들 가운데 한 사람이 빵을 갖고 올 수 없게 되었고, 그 사람은 이를 매우 부끄럽게 생각하였습니다. 그래서 내가 동료들에게 말하였습니다. 바구니에 빵을 모두 넣고 다 함께 나누어 먹자고. 그래서 빵을 갖고 오지 않은 사람이 부끄러워하지 않도록 하자고."

사무엘은 그 사람에게 "당신은 선행을 했군요"라고 칭찬했다.

그 일이 있고 나서 사무엘은 강연을 할 때 이렇게 말했다. "자선 (혹은 의로운 행동)은 죽음으로부터 우리를 구한다. 부자연스러운 죽음이 아니라 죽음 그 자체에서 우리를 구하는 것이다."

―「잠언」 10:2

유대인들에게 의로운 사람, 즉 의인은 율법과 규례를 잘 지키는 사람을 말합니다. 자선을 잘 행하는 사람 역시 의인이라고 할 수 있겠지요.

이 이야기의 마지막에서 사무엘이 하는 말의 핵심은 선행을 베푼 자들에게 하나님이 목숨을 구하는 자비를 베푸셨다는 주장입니다. 배고픈 자에게 음식을 준 것도 선행이고 배고픈 자의 부끄러움을 없애주며 동시에 빵을 나눠준 것도 선행입니다.

이처럼 『탈무드』는 배고픈 자를 돕는 일뿐 아니라 도움을 받는 자가 부끄러워하지 않도록 하는 특별한 배려까지 당부하고 있습니다.

'위대한 연구' 『탈무드』를 만나다

"『성경』이 태양이라면 『탈무드』는 그 빛을 반사하는 달이다. 『바빌론 탈무드』는 유대이즘의 고전적 텍스트로, 『성경』 바로 옆자리를 차지한다."
— 노먼 솔로몬(『더 탈무드(The Talmud)』 저자)

"『성경』이 유대교의 주춧돌이라면 『탈무드』는 유대교의 중앙 기둥이다."
— 변순복(『탈무드』 연구가)

"금으로 장식된 관이나 은행 수표, 주식은 모두 안전하지 않다. 유대인들에게 신성한 책으로 통하는 『탈무드』만이 안전하다."
— J. P. 모건(미국의 금융 재벌)

"『탈무드』는 부에 대한 나의 생각을 근본적으로 바꾸었고, 나의 삶도 변화시켰다." — 존 D. 록펠러(미국의 석유 재벌)

'탈무드(Talmud)'는 히브리어로 '연구, 교훈, 교의'라는 뜻을 갖고 있습니다. 분량도 방대해서 영어판 『탈무드』는 총 69권에 달할 정도입니다. 『탈무드』가 단순한 책이 아니라 '활동'이라고 주장하는 사람들도 있습니다. 『탈무드』 연구가 노먼 솔로몬(Norman Solomon)은 "『탈무드』는 토라, 『성경』 그리고 전통에 대한 창조적인 연구"라고 말합니다. 또한 그는 "『탈무드』는 하나님의 말씀이 실제 삶에 어떻게 적용되는가"를 나타낸다고 말합니다.

그렇다면 『탈무드』는 과연 어떻게 탄생하게 되었을까요? 그 시작은 『미시나』에서부터입니다.

● 『탈무드』의 틀을 만든 『미시나』

『미시나』는 무게가 500그램 정도밖에 안 되는 가벼운 책입니다. '미시나'라는 단어는 '학습'이라는 뜻으로, '반복'이라는 어원을 갖고 있습니다. 오랫동안 유대인들 사이에 구전으로 내려오던 내용을 문서로 기록한 것이 『미시나』입니다.

흔히 『히브리성경(구약성경)』의 '모세 오경(「창세기」 「출애굽기」 「레위기」 「민수기」 「신명기」)'을 '성문 토라(Written Torah)'라고 부르는 데 반해서 『탈무드』를 구전 토라(Oral Torah)라고 부릅니다. 『미시나』는 '구전 토라'를 성문화한 첫 번째 작품이며 『탈무드』의 틀을 결정한 책이기도 합니다.

『미시나』의 탄생에는 유대 민족(남유다)이 기원전 585년 바빌론의 느브갓네살 왕에게 망하고 바빌론으로 끌려간 사건이 막대한 영향을 미쳤습니다.

당시 예루살렘 성전은 파괴되고, 모든 종교 집회는 금지되었으며, 신분이 낮은 사람들을 제외한 백성들 대부분이 포로로 끌려갔습니다. 이들은 조국으로 돌아갈 날을 기다리면서 이스라엘의 재건에 대한 하나님의 약속이 실현될 것을 확신하며 회당을 중심으로 토라 연구에 열을 올렸습니다.

이때 그들은 모세 오경을 중심으로 하는 성문 토라뿐만 아니라 구전 토라도 열심히 공부했을 것입니다. 논란의 여지가 있지만, 유대인들은 모세가 시내산에서 하나님으로부터 성문 토라뿐만 아니라 구전 토라도 받았다고 믿고 있습니다.

바빌론에서 포로 생활을 하게 될 때를 기점으로 유대인들이 하나님을 섬기는 방법에 큰 변화가 일어납니다.

유대인들의 신앙은 두 개의 기둥으로 구성되어 있습니다. 하나는 '성전 중심의 의식, 의례'라는 기둥이고, 다른 하나는 '윤리, 도덕적 명령의 준수'라는 기둥입니다.

유대인들은 기원전 538년에 바빌론 포로 생활에서 돌아왔고, 기원전 516년에 성전을 재건하여 제사장이 인도하는 성전 중심의 의식을 재확립했습니다. 그럼에도 이때부터 율법 준수가 점점 더 강조되기 시작했습니다. 이에 따라 율법의 내용을 더 잘 알기 위한 연구가 행해지고, 율법 연구 과정에서 새로운 전통, 즉 추가된 율법이 만들어집니다.

유대인들은 이교도들 속에 살면서 자신들의 신앙을 지키고, 민족적 정체성을 지키고, 조국으로 돌아가겠다는 소망을 지키기 위하여 이교도와 구별되는 삶을 살고자 노력했습니다.

그때 무엇이 그들에게 길잡이가 되었을까요? 토라의 해석과 설명, 그리고 적용에 대해 끊임없이 토론하면서 길잡이를 확보할 수 있었습니다. 그 과정에서 『탈무드』를 위한 원재료들이 하나하나 축적되기 시작했습니다.

바빌론에서 돌아온 뒤에도 토라 연구에 대한 열망은 식지 않았습니다. 유대 역사를 살펴보면, 기원전 2세기 초에 이미 토라의 율법이 유대인들의 삶에 깊숙이 뿌리박고 있었음을 확인할 수 있습니다.

그런 상황에서 기원전 2세기경 토라를 연구하는 사람들을 중심으로 방대한 양의 구전 지식을 정리할 필요성이 대두되기 시작했습니다.

구전 지식을 체계화하는 데 큰 역할을 했던 주요 인물로는 힐렐 학파를 이끌었던 랍비 힐렐, 힐렐의 제자인 랍비 요하난 벤 자카이, 랍비 이스마엘 벤 엘리샤 그리고 랍비 아키바 등이 있습니다.

이들 가운데 랍비 아키바는 『미시나』의 기초를 놓은 사람으로 알려져 있습니다. 그의 제자 가운데 메이르가 『미시나』의 편집을 맡았고, 랍비 예후다 하나시가 『미시나』를 완성했습니다.

그렇게 서기 220년을 전후해서 토라 연구와 토의를 위한 체계적인 법전인 『미시나』가 탄생했습니다.

『미시나』는 크게 6개의 부(세데르, seder), 63개의 소단위(마세켓, massekhtot)로 구성되어 있습니다. 6개의 부는 농사, 절기와 제사, 여성 및 결혼, 민법과 형법, 제물과 성전, 순결과 부정(不淨)을 다루고 있습니다.

『미시나』는 랍비가 제자들에게 반복해서 암기하라고 권하는 짧은 교훈들의 압축판이며, 구전 교육의 특성을 지니고 있습니다. 윤리, 종교, 의식, 도덕 등 삶의 여러 면을 포함하는 체계적인 법률로 구성되어 있습니다.

『탈무드』를 '샤스(Shas)'라고 칭하기도 하는데, 이는 '시샤 세다림(shisha sedarim)'의 준말로, '시샤 세다림'은 '여섯 개의 세데르'라는 뜻입니다. 『탈무드』가 『미시나』의 구조를 그대로 따르고 있음을 알 수 있습니다.

● 『미시나』를 토론하고 설명한 것을 모은 『게마라』

『탈무드』를 펼치면 페이지 중앙의 위에 『미시나』 내용이 나온 다음 『게마라(Gemara)』 내용이 등장합니다.

『게마라』는 『미시나』의 주석서를 가리킵니다. 다시 말해서 『게마라』는 『미시나』에 대해 토론하고 논쟁하고 설명한 것을 모아놓은 것을 말합니다.

랍비 예후다 하나시가 『미시나』를 완성시킨 것은 토라를 엄격한 교리로 만들기 위함이 아니었습니다. 오히려 그 반대 목적이 있었습니다. 랍비들 사이의 충분한 토론을 통해서 토라에 생명력을 불어넣기 위함이었습니다.

『미시나』라는 표준 교과서를 중심으로 각 구절에 대해 활발한 토론을 거치는 과정에서 랍비들은 『미시나』에 포함되지 않은 중요한 자료들을 갖게 되었습니다. 그들은 이를 기록으로 남기거나 구전으로 제자들에게 전합니다.

『미시나』에 포함되지 않은 중요한 자료를 '바라이타(Baraita, '외부에 있는 것'이라는 뜻)'라 불렀으며, 이의 복수형이 바라이토트(Baraitot)입니다. 그리고 이들이 『미시나』를 완전하게 해준다는 의미에서 '가르침의 완성'을 뜻하는 '게마라'라고 부르게 되었습니다. 『게마라』가 완성된 시기는 5세기 무렵이었습니다.

여기서 중요한 두 가지 용어가 등장합니다. 『미시나』 이전의 랍비들의 모임을 가리키는 '탄나임(Tannaim)'과 『미시나』 기록 이후 『미시나』 본문을 해석하고 토론했던 랍비들의 모임인 '아모라임(Amoraim)'이 그것입니다. '탄나임'은 '스승, 배운 것을 다시 전하는 사람'이라는 뜻을, '아모라임'은 '대변자, 해설자'라는 뜻을 갖고 있습니다.

● 『탈무드』와 그 구성

『탈무드』는 본문인 『미시나』와 그것의 주석서인 『게마라』를 합친 것입니다. 처음에는 '탈무드 토라'라고 불리다가 훗날 『탈무드』라는 이름으로 정착하게 되었습니다.

『탈무드』는 두 가지 버전이 있습니다. 두 가지 모두 『미시나』 본문을 사용하고 있습니다. 하나는 예루살렘에 위치한 토라 학교에서 만들어진 주석으로 구성된 『게마라』를 합친 『예루살렘 탈무드』('팔레스타인 탈무드'라고도 함)』이고, 다른 하나는 바빌론에 위치한 토라 학교에서 만들어진 주석으로 구성된 『게마라』를 합친 『바빌론 탈무드』입니다.

『예루살렘 탈무드』는 서기 450년경에 만들어진 것으로 추정되며, 『바빌론 탈무드』는 서기 600년경에 만들어진 것으로 추정됩니다. 오늘날 『탈무드』는 대부분 『바빌론 탈무드』를 가리킵니다.

두 버전의 차이에 대해서 다트머스대학교 데이비드 크래머 교수는 이런 평가를 내립니다.

"『바빌론 탈무드』에서는 독자들에게 많은 선택의 가능성이 주어진다. 최종적인 결론을 내리지 않는다. 어느 것을 더 선호하는지가 주어질 뿐, 서로의 의견을 지지한다. 숙고가 최고의 것이며, 총명함을 가르치는 것이 최고의 가치다. 이 같은 차이가 『바빌론 탈무드』와 『예루살렘 탈무드』의 가장 중요한 차이다."

『탈무드』는 크게 두 부분으로 나눌 수 있습니다. 첫 번째는 모세 오경을 해석한 부분으로, 전체의 약 3분의 2를 차지하며 '할라카(Halakhah, '걷는 방법'이라는 뜻)'라고 부릅니다. 여기에는 유대인의 제사, 예술, 식사, 언어, 대화, 대인관계 등에 관한 내용이 담겨 있습니다.

두 번째는 조상들의 지혜 모음집입니다. 인생에 대한 이해를 돕는 내용들로, 전체의 3분의 1을 차지합니다. 이를 '하가다(Haggadah, '설화'라는 뜻)'라고 부르며, 여기에는 철학, 신학, 역사, 도덕, 시, 속담, 성서 해석, 과학, 의학, 수학, 천문학, 심리학, 형이상학 등의 내용이 담겨 있습니다.

할라카와 하가다의 차이에 대해『탈무드』전문가 변순복 교수는 저서『탈무드란 무엇인가?』에서 다음과 같은 한 유대인 학자의 이야기를 소개합니다.

"할라카는 오랜 세월 성문 토라에 대해 구전으로 전해온 주석과 설명과 논쟁으로 나타나며, 팔레스타인과 바빌론 아카데미의 토론을 통해 마침내 결론에 도달한 할라카 법령을 구성하게 된 법령집을 말합니다.

반면에 하가다는 똑같이『성경』의 말씀으로부터 출발하고 있지만 무용담, 전설, 구전 이야기, 시가, 알레고리만 가지고 설명하며, 윤리와 역사적 사실만을 반영했을 뿐입니다. 그러기 위해서는『성경』이 최고의 명령이 되는 지상의 최고법이며, 하가다는『성경』의 아름다운 말씀의 비단으로 걸어놓은 황금못이 되어야 합니다."

『탈무드』는 6부(세데르), 63개 소단위(마세켓)로 구성되어 있습니다. 앞서 말했듯이 6개의 부는 농사, 절기와 제사, 여성 및 결혼, 민법과 형법, 제물과 성전, 순결과 부정으로 이루어져 있습니다.『미시나』의 구조를 그대로 따르고 있습니다.

1부 : 즈라임 (ZERAIM / SEEDS / 씨앗 – 농사)

(1) 베라호트 | Berakho | Blessing | 축복 : 기도와 축복에 대한 규정

(2) 페아 | Peah | Corner | 경작지의 모퉁이 : 가난한 이들을 위해 경작지의 한 모퉁이에 곡식을 남겨두는 것에 대한 규정

(3) 드마이 | Demai | Doubtful Produce | 의심스러운 생산물 : 십일조를 냈는지가 확실치

않은 생산물에 대한 규정

(4) 킬라임 | Kilayim | Mixtures | 이종 교합 : 농업, 의복, 번식 등에서 한데 섞으면 안 되
는 것들에 대한 규정

(5) 셰비이트 | Shevii | The Seventh Year | 안식년 : 안식년에 관한 규정

(6) 테루모트 | Terumo | Heave Offerings | 거제물 : 제사장들에게 올리는 거제물에 대한
규정

(7) 마아세로트 | Maasero | Tithes | 십일조 : 레위인들을 위한 십일조에 관한 규정

(8) 마아세르 셰니 | Maaser Sheni | Second Tithe | 둘째 십일조 : 예루살렘의 십일조에
관한 규정

(9) 할라 | Hallah | Dough Offering | 빵 제사 : 빵을 만들어 올리는 제사에 대한 규정

(10) 올라 | Orlah | Blockage of Trees | 금지된 나무 : 심은 지 얼마 안 된 나무 이용하
지 않는 것과 관련한 규정

(11) 비쿠림 | Bikkurim | First-fruits | 첫 열매 : 첫 열매를 성전과 제사장에게 올리는 것과
관련한 규정

2부 : 모에드 (MOED | FESTIVALS | 절기 – 절기와 제사)

(1) 샤바트 | Shabba | Sabbath | 안식일 : 안식일에 금지되는 39가지에 대한 규정

(2) 에루빈 | Eruvin | Boundaries | 경계지 : 안식일 기간 중 금지되는 일을 할 수 있는 지
역에 대한 규정

(3) 페사힘 | Pesachim | Passover Festivals | 유월절 : 유월절 관련 규정

(4) 셰칼림 | Shekalim | Shekels | 셰겔, 성전세 : 성전에 바치는 세금 등에 대한 규정

(5) 요마 | Yoma | The Day | 대속죄일 : 대속죄일에 관한 규정

(6) 수카 | Sukkah | Tabernacles | 초막 : 초막절에 관한 규정

(7) 베차 | Beitzah | Egg (Holidays) | 축일 : 유대의 여러 축일에 지켜야 할 것들에 대한
규정

(8) 로시 하샤나 | Rosh Hashanah | New Year | 신년 : 신년에 관한 규정

(9) 타니트 | Taani | Public Fasts | 금식 : 금식에 관한 규정

(10) 메길라 | Megillah | Scroll | 두루마리 : 부림절에 낭독하는 두루마리로 된 『성경』 및
율법서에 관한 규정

(11) 모에드 카탄 | Moed Katan | Little Festivals | 소절기 : 유월절과 장막절 사이의 절기
들에 관한 규정

(12) 하기가 | Hagigah | Festival Offering | 축제 제물 : 유대의 3대 절기(유월절, 초막절,
칠칠절)와 절기의 성전 예배와 관련한 규정

3부 : 나심 (NASHIM | WOMEN | 여자 – 여성 및 결혼)

(1) 「예바모트」 | Yebamo | Levirate Marriage | 수혼 제도 : 과부가 죽은 남편의 형제와 결
혼하는 수혼 제도와 관련한 규정

(2) 케투보트 | Kethubo | Marriage Entitlements | 결혼 증서 : 결혼 증서, 결혼 후의 의무
에 대한 규정

(3) 네다림 | Nedarim | Vows | 서약 : 여러 종류의 서약과 파기와 관련한 규정

(4) 나지르 | Nazir | Nazirite | 나실인 서약 : 나실인 서약과 나실인과 관련한 규정

(5) 소타 | Sotah | Wayward Wife | 부정한 아내 : 간통이 의심되는 여자에 관한 규정

(6) 기틴 | Gittin | Documents | 이혼 : 이혼, 이혼 증서, 이혼 중재자 등과 관련한 규정

(7) 키두신 | Kiddushin | Betrothal | 약혼 : 약혼, 재산 분배 등과 관련한 규정

4부 : 네지킨 (NEZIKIN | DAMAGES | 손해 – 민법과 형법)

(1) 바바 카마 | Bava Kamma | The First Gate | 첫 번째 문 : 민법, 손해와 배상에 대한
규정

(2) 바바 메치아 | Bava Metzia | The Middle Gate | 두 번째 문 : 민법, 불법 행위와 재산
에 대한 규정

(3) 바바 바트라 | Bava Batra | The Last Gate | 마지막 문 : 민법, 토지 소유에 대한 규정

(4) 산헤드린 | Snahedrin | The Cour | 의회 : 의회, 재판, 징계, 처벌 등의 규정

(5) 마코트 | Makko | Flogging | 매질 : 도피처와 매질과 관련한 규정

(6) 셰부오트 | Shevuo | Oaths | 맹세 : 개인의 서약과 관련한 규정

(7) 에두요트 | Eduyo | Testimonies | 증언 : 다양한 법적 문제에 대한 증언들

(8) 아보다 자라 | Abodah Zarah | Foreign Worship | 우상 숭배 : 유대인들과 비유대인
들, 우상 숭배자들과의 관계에 관한 규정

(9) 피르케이 아보트 | Pirkei Abo | Wisdom of the Fathers | 조상들의 지혜 : 현자들의
「잠언」모음

(10) 호라요트 | Horayo | Decisions | 결의 : 공동체의 속죄 제물과 관련한 규정

5부 : 코다심 (KODASHIM | HOLY THINGS | 성물 – 제물과 성전)

(1) 제바힘 | Zebachim | Sacrifices | 제물 : 동물과 새로 올리는 제물과 관련한 규정

(2) 메나호트 | Menacho | Grain Offerings | 곡식 제물 : 곡식으로 올리는 제물과 관련한
규정

(3) 훌린 | (C)hullin | Mundane Things (Unconsecrated Meat) | 도살 : 제사용이 아닌 식
용 동물의 도살 및 소비 관련 규정

(4) 베호로트 | Bekhoro | First–born | 맏배 : 동물과 사람의 첫째를 제물로 드리는 것과
관련한 규정

(5) 아라힌 | Arachin | Dedications | 헌납 : 성전에 드리는 예물 관련 규정

(6) 테무라 | Temurah | Substitution | 대체 예물 : 제물 대체 관련 규정

(7) 케리토트 | Kerito | Excisions | 근절 : 영적 근절과 관련한 계명과 죄의 제물 관련 규정

(8) 메일라 | Meilah | Sacrilege | 신성 모독 : 성물을 부정하게 한 경우와 관련한 규정

(9) 타미드 | Tamid | Always (Regular Temple Procedure) | 일일 제사 : 매일 드리는 제
사와 관련한 규정

(10) 미도트 | Middo | Measurements | 치수 : 성전 건물의 측정 관련 규정

(11) 키님 | Kinnim | Nests (Bird Prey) | 새 제물 : 새를 제물로 드리는 것과 관련한 규정

6부 : 토호로트 (TOHOROT, PURITIES, 정결 – 순결과 부정)

(1) 켈림 | Kelim | Vessels | 용기 : 주방 용품과 그 청결과 관련한 규정

(2) 오홀로트 | Oholo | Tents | 천막 : 시체와 불결과 관련한 규정

(3) 네가임 | Negaim | Plagues | 역병 : 역병과 관련한 규정

(4) 파라 | Parah | Cow, Red Heifer | 어린 암소 : 어린 암소와 관련한 규정

(5) 토호로트 | Tohoro | Purities | 정결 : 개인 및 공중, 음식의 청결 관련 규정

(6) 미크바오트 | Mikvao | Ritual Baths | 목욕재계 : 제의용 목욕 관련 규정

(7) 니다 | Niddah | Menstruan | 월경 중의 여성 : 월경 중이거나 출산 직후 여성의 정결법

(8) 마흐시린 | Makhshirin | Enablers of Impurity | 감염 : 음식 감염 관련 규정

(9) 자빔 | Zavim | Seminal Emissions | 유출 : 사정 관련 규정

(10) 테불 욤 | Tevul Yom | Immersed Day | 세례일 : 세례 후의 정결 관련 규정

(11) 야다임 | Yadayim | Hands | 손 : 손의 정결 관련 규정

(12) 우크침 | Uktzim | Stalks | 줄기 : 식물의 줄기나 열매의 불결 관련 규정

● 『탈무드』의 기초가 되는 토라

『탈무드』의 기초가 되는 토라는 세 가지 의미를 갖고 있습니다.

첫째, 가장 좁은 의미의 토라는 모세가 저술한 '모세 오경'을 말합니다. 다섯 권의 책은 유대교의 중심 문헌으로, 모두 613개의 율법이 들어 있습니다. 유대 전통에 따르면 이 다섯 권의 책은 이집트에서 노예

생활을 하던 유대인들을 이끌고 이집트를 탈출한 모세에게 하나님이 기원전 1220년경에 기술하게 한 것으로 알려져 있습니다.

둘째, 토라는 『구약성경』 전체를 가리킵니다. 즉 모세 오경에 선지서 및 성문서를 더한 것입니다. 모세 오경은 율법서, 선지서는 예언서, 성문서는 율법서와 선지서 외에 나머지 『구약성경』 11권을 말합니다.

『구약성경』은 흔히 '타나크(TaNakr)'라고 부릅니다. 타나크는 『구약성경』 전체를 구성하는 세 가지 범주의 경전인 토라와 예언서 『느비임(Neviim)』과 성문서 『케투빔(Ketuvim)』의 첫 알파벳인 T, N, K를 따서 만든 두음문자입니다.

『느비임』은 모두 21권으로 구성되어 있습니다. 모세가 죽고 이스라엘 민족이 가나안에 도착한 무렵인 기원전 1200년 무렵부터 바빌론 사람들이 첫 번째 대성전을 파괴하고 이스라엘 사람들을 바빌론으로 끌고 간 기원전 586년까지의 유대인 및 유대교 역사를 다룹니다. 「여호수아」 「사사기」 「사무엘상」 「사무엘하」 「열왕기상」 「열왕기하」 등이 여기에 속합니다.

『케투빔』은 타나크의 마지막 범주에 속하는 책들로, 일부는 역사적인 이야기를 하지만 공통점은 거의 없습니다. 「미가」 「룻기」 「예레미야」 「전도서」 「에스델」 「에즈라」 「느헤미야」 「시편」 「욥기」 등이 여기에 속합니다.

유대인들은 '구약성경'이라는 용어를 사용하지 않고 '히브리성경'이라는 용어만을 사용합니다. 하나님으로부터 선택받은 민족이라는 믿음을 가진 그들은 히브리성경에 나타난 모든 약속들은 오로지 하나님이 유대 민족에게만 약속한 것이라고 굳게 믿고 있습니다.

랍비 조셉 텔루시킨(Joseph Telushkin)은 "기독교는 하나님과 인간 사이의 특별한 약속(아브라함과의 계약)이 유대인에서 교회(기독교)로 넘어왔다고 주장하면서 이 개념(하나님의 선택을 받은 민족)을 도용했다"라고 주장하기도 합니다.

「창세기」 17장 4절 내용처럼 유대인은 아브람(고귀한 아버지, 유대인만의 아버지)을 믿지만 기독교인들은 아브라함(열국의 아버지, 만민의 아버지)을 믿습니다. 유대인들은 유대인들만이 의인이 될 수 있다고 믿지만 기독교인들은 이방인인 기독교인들도 의인이 될 수 있다고 믿습니다.

셋째, 가장 넓은 의미 토라는 히브리성경에 『탈무드』를 포함한 것을 말합니다. 성문 토라와 구전 토라를 모두 포함한 것을 가리킵니다.

참고문헌

• 국내 자료

『100명의 특별한 유대인』, 박재선 저, 메디치미디어, 2013

『유대인의 상속 이야기』, 랍비 조셉 텔루슈킨 저, 김무겸 역, 북스넛, 2014

『유대인 창의성의 비밀』, 홍익희 저, 행성:B잎새, 2013

『유태인이 가르치는 철학이야기』, 메이어 레빈 저, 변순복 역, 도서출판 대서, 2010

『죽기 전에 한번은 유대인을 만나라』, 랍비 조셉 텔루시킨 저, 김무겸 역, 북스넛, 2012

『카발라 탈무드』, 이희영 저, 동서문화사, 2009

『탈무드』, 마빈 토카이어 저, 현용수 역, 동아일보사, 2007

『탈무드』, 마빈 토케이어 저, 강영희 편, 브라운힐, 2013

『탈무드란 무엇인가?』, 변순복 편, 로고스, 2004

『폴 존슨 유대인의 역사』, 폴 존슨 저, 김한성 역, 포이에마, 2014

• 해외 자료

2000 Years of Jewish History, Rabbi Chaim Schloss, Philipp Feldheim Publishers, 2002

A Treasury of Jewish Quotations, Edited by Joseph L. Baron, Rowman & Littlefield Pub., 1985

Celebration & Renewal: Rites of Passage in Judaism, Edited by Rela M. Geffen, The Jewish Publication Society, 1993

Ein Yaakov, Yaakov Ibn Rabbi Chaviv, Jason Aronson, Inc, 1999

Essential Papers on Kabbalah, Edited by Lawrence Fine, New York University Press, 1995

Eve and Adam: Jewish, Christian, and Muslim Readings on Genesis and Gender, Edited by Kristen E. Kvam, Linda S. Schearing and Valarie H. Ziegler,

Indiana University Press, 1999

Fables of the Talmud and the Midrash, Edited and translated by Manes Kogan and Sandy Berkofsky-Santana, 2008, http://fables.rabbikogan.com

Folktales of the Jews, Volume3: Tales from Arab Lands, Edited by Dan Ben-Amos, The Jewish Publication Society, 2011

Humanism in Talmud and Midrash, Samuel Tobias Lachs, Associated University Presses, Inc., 1993

Jewish Folk Literature, Dan Ben-Amos, Oral Tradition, 1999

Life's Little Book of Big Jewish Advice, Ronald H. Isaacs, Ktav Publishing House, Inc., 2004

Maxims and Proverbs of Bible and Talmud, D. A. Friedman, Philadelphia Hebrew Free School, 1901

Our Sages Showed the Way, Yocheved Segal, Feldheim Pub., 1982

Pirke Avot: Timeless Wisdom for Modern Life, William Berkson, The Jeswish Publication Society, 2010

Qabbalistic Magic, Salomo Baal-Shem, Destiny Books, 2011

Similes Dictionary, Elyse Sommer, Visible Ink Press, 2013

The Babylonian Talmud in Selection, Edited and translated by Leo Auerbach, Philosophical Library, 1944

The Complete Idiot's Guide to the Talmud, Rabbi Aaron Parry, Alpha Books, 2004

The Talmud: A Selection, Selected, Translated and Edited by Norman Solomon, Penguin Books, 2009

The Talmud: An Analytical Guide to Its History and Teachings, Isaac Unterman, Bloch Publishing Company, 1952

The Ten Commandments, William Barclay, Westminster John Knox Press, 1998

To be a Jew: A Guide to Jewish Observance in Contemporary Life, Rabbi Hayim Halevy Donin, Basic Books, 1991

What is The Talmud?, Gil Student, 2000, http://talmud.faithweb.com

314

Why Study Talmud in the Twenty-First Century?: The Relevance of the Ancient Jewish Text to Our World, Edited by Paul Socken, Lexington Books, 2009

Wit and Wisdom of the Talmud, Edited by Madison C. Peters, Bloch Publishing Company, 1923

• 그 외 자료

http://archive.org

http://www.chabad.org/library

http://www.com-and-here.com

http://www.globalgreyebooks.com

http://jerusalemlife.com

http://www.jewishquotations.com

http://www.jewish-wisdom.com

http://www.jtsa.edu

http://www.kabbalah.info/eng

http://www.oldinthenew.org

http://www.on1foot.com

https://openlibrary.org

http://www.quotes.net/authors/The+Talmud

http://sacred-texts.com

http://shemayisrael.co.il

https://www.stormfront.org

http://www.torah.org

http://torahkids.org

http://www.usccb.org/bible/sirach

http://www.usy.org

http://virtualreligion.net

공병호, 탈무드에서 인생을 만나다

초판 1쇄 2016년 5월 5일
초판 10쇄 2021년 3월 25일

지은이 | 공병호
펴낸이 | 송영석

주간 | 이혜진
기획편집 | 박신애 · 김혜영 · 심슬기
외서기획편집 | 정혜경 · 송하린 · 양한나
디자인 | 박윤정 · 기경란
마케팅 | 이종우 · 김유종 · 한승민
관리 | 송우석 · 황규성 · 전지연 · 채경민

펴낸곳 | (株)해냄출판사
등록번호 | 제10-229호
등록일자 | 1988년 5월 11일(설립일자 | 1983년 6월 24일)

04042 서울시 마포구 잔다리로 30 해냄빌딩 5·6층
대표전화 | 326-1600 **팩스** | 326-1624
홈페이지 | www.hainaim.com

ISBN 978-89-6574-551-8

파본은 본사나 구입하신 서점에서 교환하여 드립니다.